Weichert Buch

Marei Hoppe

Warum Angst vor Pferden?

A. WEICHERT VERLAG
HANNOVER

Inhaltsverzeichnis

ISBN 3-483-01447-0
Einbandbild: Kajo Bierl · Textzeichnungen: Lilo Busch

Satz: A. Knab, 8451 Lintach
Druck: R. Dohse & Sohn, 48 Bielefeld

Stefan hat es nicht leicht

Stefan stand, wie immer, ein wenig außerhalb des Kreises, den die andern Jungen bildeten. Sie berieten das große Spiel, das sie am Nachmittag veranstalten wollten: Verfolgung und Bestrafung des Banditen Ben Lachossas, des Mischlings, der die Goldgräber um ihren verdienten Lohn gebracht hatte. Die Jungen schrien und lärmten durcheinander und konnten sich noch nicht einigen. Verschiedene Schultaschen lagen in wüstem Durcheinander auf der Erde. Der blonde Ulli, der anerkannte Anführer der schwarzen Elf, war gerade im Begriff, sich die Jacke abzustreifen, um seine Meinung gegen den langen Simon durchzusetzen. Da ertönte ein warnendes: „Psst!" Dieses Psst schickte Stefan aus, da er ihren Lehrer Dr. Aumüller zuerst erblickte. Es war nur gut von ihm gemeint gewesen, daß er die andern warnte, aber wie immer wurde es ihm wieder als Wichtigtuerei ausgelegt. Na klar, hieß es, Stefan hielt sich mal wieder raus, tat nicht mit. Er hörte wohl zu, aber zugleich paßte er auf, daß ihm nichts geschehen konnte. Dieser Leisetreter . . .

Vor einem Jahr hatte Dr. Aumüller eines Tages gesagt: „Wir bekommen einen Neuen! Stefan heißt er. Er hat erst kürzlich seinen Vater verloren, er ist fremd hier am Rhein, da er aus dem Schwarzwald kommt. Macht es ihm nicht so schwer, in eure erlauchte Mitte aufgenommen zu werden!" Aber sie hatten es diesem Neuen trotzdem schwer gemacht.

Der Neue sei ein Drückeberger, hatte der blonde Ulli bald behauptet, da Stefan sich durch nichts zu einer Rauferei verleiten ließ. Er hatte dem Turnlehrer ein ärztliches Zeugnis vorgelegt, aus dem hervorging, daß Stefan Wesenberg krank gewesen sei und sich noch etwas schonen müsse. Schonen? Das imponierte keinem der Jungen, sie waren doch alle schon mal krank gewesen.

Dr. Aumüller ging nun lächelnd vorüber. „Nun, brütet die schwarze Elf Unheil?" Sie möge aber trotzdem bedenken, daß morgen die Lateinarbeit steigt! „Wiedersehen."

„Wiedersehen, Herr Doktor!" brüllte der Chor.

Stefan hatte sich abgewandt und ging nun hinter Dr. Aumüller her, da sein Nachhauseweg in gleicher Richtung verlief. Wahrscheinlich wäre er in dieser

Sekunde auch fortgegangen, wenn der Lehrer nicht vorbeigekommen wäre. Aber der lange Simon zischelte verächtlich: „Nun schmiert er sich wieder an den Aumü!“

Dr. Aumüller wandte sich um: „Na, Wesenberg, machst du nicht mit bei der großen Lagebesprechung?“

„Nein.“ Stefan sah ein wenig unglücklich aus. Sonderbarer Junge, dachte sein Lehrer wieder einmal. Er wußte, daß die andern Schüler diesen hier nicht sonderlich mochten, aber er hatte es bisher auch nicht ändern können.

„Nun“, sagte er jetzt, „sehnst du dich eigentlich noch manchmal in deine alte Heimat zurück, oder hast du nun hier genauso viele Freunde wie dort?“

„Ich habe hier keine Freunde.“

Aumüller sah voller Güte auf den Jungen, der für seine dreizehn Jahre groß, aber viel zu mager war. Sein schmales blasses Gesicht schien unbeweglich zu sein. Nie verriet es, was er dachte, und das war es wohl, was ihm die andern Jungen nicht verziehen. Er schwieg und nagte auf den Lippen. Er machte auch nie richtig etwas mit, keinen Streich, kein Spiel und keine Prügelei. Immer stand er nur mit dieser ein wenig hochnäsigen Miene dabei und beobachtete. Er war kein schlechter Schüler, aber auch noch lange nicht der beste. Es konnte passieren, daß er leichenblaß wurde, wenn er eine Vier geschrieben hatte. Dr. Aumüller war sich selbst nicht darüber im klaren: Schämte sich der Junge nun, oder erbleichte er aus Wut, daß er versagt hatte? War er besonders ehrgeizig oder nur besonders gewissenhaft? Die Lehrer wußten, daß Stefan mit seiner Mutter hier in der

Stadt bei Verwandten untergekommen war, weil sie nur eine kleine Rente bezog. Vielleicht befürchtete Stefan auch nur, von der Schule genommen zu werden, wenn er keine guten Zeugnisse brachte. Anfangs hatten ihn die Mitschüler seines schwäbischen Dialektes wegen viel gehänselt. Sie hatten schnell entdeckt, daß Stefan sich darüber ärgerte. Auch wußten sie, daß er Qualen litt, wenn sie beim Turnen hinter seinem Rücken über ihn lachten. Pferd, Barren, Reck, alles war ihm neu gewesen, und vor jedem Gerät hatte er kläglich versagt.

„Aber im Schwarzwald hast du doch Freunde?" fragte Aumüller.

„Klar, viele!" Der Lehrer lächelte. Er war davon überzeugt, daß dieser stille Stefan im Grunde seiner Seele einsam war. Kein Mensch mag ohne Freunde sein. Aber wenn man ein Herz, das um Freundschaft bittet, abweist, verhärtet es. Deshalb wirkte Stefan zuweilen hochmütig und ablehnend und war doch nur unglücklich. Manchmal schnitt er auch auf, wahrscheinlich aus dem gleichen Grunde.

„Bist du in dem Schwarzwald geboren?"

„Nein. Geboren bin ich in Norddeutschland. Aber als mein Vater krank wurde, zog meine Mutter mit mir dorthin. Mein Großvater war dort Bürgermeister."

Stefan hätte auch sagen können: Mein Großvater hatte dort einen Hof, beides stimmte, aber er hatte schon gemerkt, daß bei den Städtern ein Bürgermeister mehr galt als ein Bauer.

„War dein Großvater auch Bauer?"

„Ja." Stefan errötete ein bißchen.

„Dann bist du also mit Tieren aufgewachsen,

kannst mit ihnen umgehen; aber vermißt du sie nicht?"

„Doch, manchmal." Stefan zögerte. Er mochte nicht gestehen, daß er mit den Tieren nur wenig in Berührung gekommen war, da er täglich zur Stadt in die Schule gefahren und erst am Abend wiedergekommen war. Aber da er meinte, das doch nicht erklären zu können, schwieg er lieber.

„Du hast auch geritten, nicht wahr?" Dr. Aumüller dachte an die schlechte Note im Turnen, die Stefan auch im nächsten Zeugnis wieder bekommen würde. Er hat Angst, sagte sein Turnlehrer von ihm, er kneift und schützt sein Herz vor, wenn er einen Überschlag am Reck oder eine Flanke übers hohe Pferd machen soll.

„Klar", behauptete Stefan wieder, „ich habe schon als ganz kleiner Junge geritten. Lotte hieß unser Pferd, als Vater so krank wurde, haben wir es verkauft."

„Reiten hat dir Spaß gemacht, mehr als Turnen, wie?"

„Viel mehr." Stefan sah aber den Lehrer nicht mehr an. Jetzt lügt er, dachte Dr. Aumüller.

„Dann könntest du doch hier in der Stadt auch wieder reiten? Reiten ist ein so wundervoller Sport, der edelste, den ich mir denken kann. Es ist ein Jammer, daß er immer mehr durch die Technik verdrängt wird. Rennfahrer möchten alle werden. Sie träumen davon, mit hundert PS durch die Gegend zu rasen, und wissen nicht, wieviel glücklicher es macht, mit nur einem PS durch einen schönen Morgen zu traben!" Dr. Aumüller lächelte über seinen Scherz, und auch Stefan lachte.

„Weißt du nicht, daß es hier in der Stadt einen Reitstall gibt, in dem Jugendliche reiten lernen können? Herr Hasemann hat sehr billige Kurse für Jugendliche eingerichtet, möchtest du da nicht mitmachen?"

Stefan erschrak und biß sich auf die Lippen.

„Das Arzt hat doch geschrieben, daß ich mich nicht überanstrengen darf", nuschelte er. „Reiten kostet auch zuviel Geld", fügte er noch schnell hinzu. „Früher, als Vater noch lebte, waren wir reich, aber heute . . ."

„Ich weiß, ich weiß, wir haben alle schon einmal etwas verloren", nickte der Lehrer und legte flüchtig die Hand auf Stefans Schulter. „Es ist traurig, wenn man in deinen jungen Jahren den Vater hergeben muß, du hast ihn sicher sehr gern gehabt, wie?" Stefan nickte nur. Ein Kloß würgte ihn plötzlich im Halse. Er konnte sich nur noch ganz schwach an die Zeit erinnern, da sein Vater ein aufrechter gesunder Mann gewesen war. Stefan hatte ihn immer sehr bewundert. Sein Vater war auf einem Flughafen beschäftigt gewesen. Allerdings hatte er nur eine untergeordnete Position unter dem Bodenpersonal innegehabt, doch Stefan hatte lange Zeit entsprechende Fragen stets mit der hochtrabenden Behauptung „Mein Vater war Flieger!" beantwortet, bis ihn daraufhin einmal ein Junge gefragt hatte: „Aha. Wo ist er denn geflogen? Von der Schule oder aus seiner Firma?" Damals hatte Stefan sich sehr geärgert und geschämt. Da sofort alle Umstehenden in schallendes Gelächter ausgebrochen waren, war er sehr verlegen geworden und bis über beide Ohren errötet. Eine Antwort hatte er nicht gewußt, und er war seitdem mit seinen Behauptungen vorsichtiger geworden, wenn er es sich auch noch nicht ganz hatte abgewöhnen können, gelegentlich etwas zu übertreiben. Jeden Flugzeugtyp hatte Stefan damals gekannt; aber dann hatte den Vater diese unheimliche und geheimnisvolle Krankheit, die noch nicht recht erforscht war und gegen die bisher niemand etwas wirklich Wirkungsvolles unternehmen konnte, ergriffen. Die Mutter hatte ihn im Rollstuhl herumgefahren, Jahr um Jahr, und niemand hatte laut sprechen oder gar lachen dürfen, wenn der Vater Schmerzen hatte oder schlief. Nur ganz selten noch hatte er seinem Jungen von den Flügen, auf die ihn zu seiner großen Freude großzügige Piloten zuweilen mitgenommen hatten, erzählt, hatte von dem großartigen Gefühl gesprochen, das den Flieger packt, wenn er sich weit über die Erde erhebt, die Berge unter ihm zu kleinen Sandhäufchen werden, und die Häuser nicht mehr größer als Streichholzschachteln wirken.

„Vater ist manchmal viele tausend Meter über den Wolken geflogen", sagte Stefan und sah den Lehrer an, als sei er selbst es gewesen, der diese Leistung vollbracht und das Flugzeug eigenhändig gesteuert hatte. Sie waren am Marktplatz angekommen, und Stefan verabschiedete sich. Er wohnte hier ganz in der Nähe in einem hohen Geschäftshaus, das Tag und Nacht in den Lärm der großen Stadt eingehüllt war. Zuweilen, wenn er nicht einschlafen konnte, sehnte er sich in die Ruhe der Schwarzwaldberge zurück.

„Liest du eigentlich gern?" fragte Dr. Aumüller zum Schluß. Stefan nickte: „Ja, sehr gern."

Dr. Aumüller nickte erfreut. „Was liest du denn besonders gern?"

„Heldensagen, auch griechische. Und über Tiere, ja, über Tiere auch."

Der Lehrer lächelte: „Aber die alten Helden, du, die hätten im Turnen sicher alle eine Eins bekommen!"

Als Stefan nun die Treppe hinaufging, die in die Wohnung seiner Verwandten führte, gestand er sich, daß er eigentlich dort im Schwarzwald genausoviel allein gewesen war wie hier. En Fremder, dort und hier. Wenn die Dorfjungen Fußball gespielt hatten, hatte er nur zugeguckt oder war zu Hause geblieben und hatte gelesen. Er las besonders gern Abenteuerromane, und oft träumte er davon, eines Tages einmal eine Tat zu begehen, die ihn weit, weit über alle andern Jungen erhob. Eine großartige Tat, die ihn zum Helden stempelte und den andern Respekt vor ihm verschaffte. Dann würden sie angelaufen kommen und winseln: Besuch mich doch mal zu Hause, Stefan, komm doch bitte heute mit uns, und der blonde Ulli würde den Arm vertraulich um ihn legen und ihm etwas zuflüstern, was die andern nicht hören sollten. Oder der lange Simon würde ihn im Auto seines Vaters mitnehmen! Gerade den blonden Ulli, der sich von Anfang an gegen ihn gestellt hatte, bewunderte Stefan am meisten. Ulli, der Anführer der schwarzen Elf! Immer wieder hetzte er die andern gegen ihn auf. Ja, eines Tages würden sie alle zu ihm kommen, so hoffte Stefan; aber bis heute war er allein und ohne Freund.

In der Wohnung schlug ihm der Lärm der zahlreichen Stimmen entgegen, die alle zu dieser Wohnung gehörten. Zu Hause war es immer so besonders still gewesen, hier in der Stadt aber nahm keiner auf den andern Rücksicht. Die Großmutter schalt mit ihren Töchtern, der Onkel rechnete allen vor, daß sie zuviel Geld im Haushalt verbrauchten, die Tanten machten sich über die Kundinnen lustig, die heute im Geschäft gewesen waren, oder berichteten sich die letzten Neuigkeiten, die sie im Laufe des Morgens vernommen hatten. Denn der Eisenwarenladen im Erdgeschoß gehörte Stefans Verwandten. Auch seine Mutter, die in diesem Hause aufgewachsen war, half unten im Laden mit. Zwar war sie nicht regelmäßig dort, da sie sich auch noch ums Essen kümmerte, aber in der Hauptgeschäftszeit stand sie doch unten und bediente mit. Es war ein gutgehendes, angesehenes Geschäft.

Eine der jüngeren Tanten führte die Bücher im Büro, der Onkel kümmerte sich hauptsächlich um den Einkauf. Außer einem Lehrjungen hatten sie keinen Fremden beschäftigt. Auch Stefan kannte sich im Laden schon recht gut aus. Er wußte genau, wo die Hämmer, die Zangen, die Sägen, Schlittschuhe, Gartengeräte und all die andern tausend Dinge aus Eisen oder anderem Metall zu finden waren.

Stefan fühlte sich in dieser lauten, geschäftigen Familie nie recht wohl. Zwar hörte er zu, was die Erwachsenen sprachen, aber irgendwie kam er sich auch hier ausgeschlossen vor und verzog sich, sobald er konnte, in das kleine schräge Kämmerchen, das ihm allein gehörte.

„Bist ein komischer Junge", sagte wohl zuweilen mal eine der Tanten, wenn er sonntags lieber lesen als mit ihnen spazierengehen wollte. Aber das hatte er schon zu oft gehört, er glaubte allmählich selbst, anders als andere Jungen zu sein.

Die Mutter strich ihm auch an diesem Tag flüchtig über den Kopf, so wie sie es immer tat, wenn er aus der Schule kam.

„Nun, alles in Ordnung?“

„Alles o. k. Aber morgen schreiben wir eine Mathearbeit, das kann was Nettes werden.“ Die Mutter sah ihn erstaunt an.

„So schlimm wird es doch wohl nicht werden!“

Stefan runzelte die Brauen. Er hatte wirklich Bedenken, daß diese Arbeit danebengehen könnte. Andererseits konnte er sich in Mathe eher eine schlechtere Note als sonst leisten, auch wenn seine Mutter davon nicht erbaut wäre. Wenn der lange Simon eine Fünf nach Hause brachte, krähte kein Hahn danach, das erzählte er immer wieder. Zweimal war der schon sitzengeblieben und war nun natürlich der Älteste in der Klasse. Aber trotzdem durfte er in jede Kinovorstellung gehen, und gerade sein Alter imponierte den andern.

Stefan hatte es wirklich nicht leicht gehabt, als er vor einem Jahr als Neuer in die Klasse gekommen war. Schon bei den ersten Sätzen, die er gesprochen hatte, wurde über ihn laut gelacht. Im ersten Augenblick hatte er nicht einmal begriffen warum. Dann war es ihm klargeworden: Seine Mitschüler lachten über seinen schwäbischen Dialekt, der sich natürlich von dem hiesigen rheinländischen sehr unterschied. Von dieser Stunde an hatte er sich bemüht, seinen alten Dialekt abzulegen, und es war ihm rasch gelungen. Heute hielten ihn bereits Fremde, die nicht genau hinhörten, für einen Rheinländer. Aber trotzdem mochten ihn die hiesigen Jungen nicht. Ihm waren so viele Dinge fremd, die ihnen geläufig waren, und weil er nicht wollte, daß sie es merkten, tat er immer ein wenig hochnäsig und behauptete, viel Besseres zu kennen. Oder er wandte sich ab und sagte, das interessiere ihn nicht. Aber auch die Jungen in dem Schwarzwalddorf hatten ihn nicht mehr als ihresgleichen betrachtet, als er im fünften Schuljahr begonnen hatte, die Schule in der Stadt zu besuchen. Er wollte wohl mehr sein als sie, hatten sie gemeint, die Dorfschule sei ihm wohl nicht fein genug, wie?

Sie vergaßen dabei, daß ein Bauernjunge meistens einen Hof erbt, der ihn und seine Familie ein Leben lang ernährt, während Stefan ja etwas lernen mußte, das ihm später im Beruf weiterhalf. Dieser Schulbesuch in der Stadt war gar kein großes Vergnügen gewesen. Morgens in aller Frühe hatte er mit dem Rad bis zur nächsten Bahnstation fahren und von dort aus den Zug nehmen müssen. Und erst am Abend war er zurückgekehrt. Den „Doktor" hatten ihn von da ab die Jungen genannt, mit denen er bislang gemeinsam die Schulbank gedrückt hatte. Und so kam es, daß er in seiner knappen Zeit lieber mit den Mädchen, die ebenfalls im Hause seines Großvaters wohnten, als mit den Buben gespielt hatte.

Hier in der Stadt blieb er völlig allein.

Sie können mir alle den Buckel runterrutschen, dachte Stefan zuweilen, wenn er wieder zu spüren gemeint hatte, daß sie ihn nicht leiden konnten. Aber im Grunde sehnte er sich nach einem Freund, der ihn verstand.

Neue Freunde?

Heute nach dem Mittagessen sagte Onkel Ernst: „Stefan, du könntest mir einen Gefallen tun und einer guten Kundin von uns eine Bestellung abliefern. Der Lehrjunge hat heute Schule, und es lohnt sich nicht, extra mit dem Wagen zu fahren. Nimm dein Rad, ja?"

Stefan erklärte sich sofort einverstanden. Er wußte, daß Onkel Ernst ihm diese kleinen Botengänge meistens belohnte, aber andererseits wäre er ihm auch ohnedies gefällig gewesen, da seine Mutter ihn immer wieder bat, daran zu denken, daß sie ihren Verwandten zu Dank verpflichtet seien.

„Weißt du", hatte seine Mutter einmal gesagt, „wir könnten von meiner kleiner Rente nicht leben. Vor allem könntest du niemals die höhere Schule besuchen und später studieren, sondern ich müßte dir eine Lehrstelle suchen, damit du bald etwas dazuverdienst. Ich wäre ja lieber mit dir allein geblieben, wir hätten es ruhiger und gemütlicher, aber das geht eben nicht. Man kann immer nur das eine oder das andere haben, und wir werden erstmal so weiterleben. Vielleicht hab' ich in zwei Jahren soviel gespart, daß wir uns eine eigene kleine Wohnung mieten können."

Also nahm Stefan nach dem Mittagessen ein kleines Paket aus der Hand des Onkels entgegen, das Reitsporen enthalten sollte.

„Sporen?" fragte Stefan erstaunt.

„Ja, du bringst sie Frau von Berg. Sie ist eine berühmte Turnierreiterin und braucht diese Sporen heute abend, hat sie am Telefon gesagt, und ich habe sie ihr versprochen. Ich habe dir zwei Paar eingepackt, zur Auswahl. Das Paar, das sie nicht haben will, bringst du wieder mit. Die Bergs sind gute Kunden von uns, neulich haben sie erst eine Waschmaschine gekauft. Sag eine schöne Empfehlung von mir und mach's gut."

Stefan nickte und fuhr los. Er dachte darüber nach, daß er noch nie eine Reiterin und auch noch nie ein Reitturnier gesehen hatte. Es fiel ihm auch wieder ein, wie er heute mittag vor Dr. Aumüller damit geprotzt hatte, daß er reiten könne. Plötzlich erschien ihm diese seine Rede als große Prahlerei, die er jetzt allmählich ein wenig zu bereuen begann. Die Sache mit dem Pferd Lotte stimmte eigentlich auch nur zur Hälfte. Diese Lotte hatte nicht seinem Vater gehört, sondern seinem Onkel, der einen kleinen Fuhrbetrieb unterhielt. Sie war sehr nervös, scheute vor jedem Radfahrer und vor jedem plötzlichen Geräusch. Sie legte bei jeder Gelegenheit die Ohren an, und da es hieß, daß Pferde, die die Ohren anlegen, beißen wollen, hatte Stefan immer einen ziemlichen Bogen um sie herum gemacht. Stefans Reitkünste hatten lediglich darin bestanden, daß er sich auf Lottes sehr breiten Rücken setzte, wenn sie zum Schmied geführt wurde, um neu beschlagen zu werden. Oder daß er sie zur Tränke ritt. Bei diesen Ritten fiel es Lotte nicht im Traum ein, auch nur eine Spur schneller zu gehen als unbedingt nötig, und Stefan hatte sich keinerlei Mühe gegeben, sie dazu anzufeuern. Reiten erschien ihm kinderleicht, weil man sich einfach nur auf den Pferderücken setzen ließ, die Hände im Lederzeug festkrallte und „hüh" oder „brrr" sagte. Aber einmal, da hatten ein paar Jungen hinter Lotte heimlich eine Tüte aufgeblasen und zerknallt, und da war Lotte vor Entsetzen durchgegangen. Wie ein wütender Blitz war sie mit ihm davongesaust, über die ganze Dorfstraße hinweg, daß die Funken nur so von ihren Hufen stoben. Die Leute hatten sich zur Seite gerettet, und Stefan war in hohem Bogen auf die Steine vor dem Schulhaus geflogen. Lotte hatte sich, aufgeregt um sich schlagend, um ihre eigene Achse gedreht. Als ein Bauer sie anhielt, war sie kaum zu beruhigen gewesen. Bald danach hatte sein Onkel das Pferd verkauft. Aber kurz nach diesem Sturz hatte Stefan zu kränkeln begonnen, und noch im vorletzten Jahr hatte der Arzt gemeint, die nervösen Herzbeschwerden, unter denen er zuweilen litt, könnten eventuell auf seinen damaligen Schrecken zurückzuführen sein.

Wozu braucht man eigentlich Sporen, dachte Stefan nun, als er durch die lange Allee radelte, die aus der großen Stadt hinaus in jene Gegend führte, in der die reichen Leute wohnten. Hier lagen die Häuser nicht Wand an Wand wie in der Stadt, hier waren Gärten zwischen ihnen und hohe schöne Bäume. Hier war es ruhig, die wenigen Autos, die da verkehrten, machten keinen Lärm. Stefan atmete unbewußt auf; hier gefiel es ihm. Hier war alles freier, und die Luft roch beinah so wie daheim auf dem Land. Vor dem Haus Nummer 118 hielt er an. Hier mußte es sein. Er betrachtete die große helle Villa mit Respekt. Alle Fensterrahmen sahen aus, als wären sie gerade erst frisch gestrichen worden. Im Erdgeschoß war ein Fenster fast so groß wie eines der Schaufenster in Onkels Eisenhandlung. Es stand voller grüner Blattpflanzen und gab den Blick ins Innere des Raumes frei.

Der Rasen sieht aus wie rasiert, dachte Stefan noch, als er durch den Vorgarten auf die Haustür zuschritt. Als er klingelte, schlug irgendwo hinter dem Haus ein Hund an, und im nächsten Augenblick, noch bevor die Haustür sich vor ihm öffnete, schoß dieser Hund von der Gartenseite her um die Ecke und fuhr wütend auf ihn los. Es war ein kleiner schwarzer Pudel, den man so geschoren hatte, daß er aussah, als trüge er weite Pumphosen. Er trug ein quittengelbes Halsband und schien sehr ungezogen zu sein. Er machte offensichtlich Anstalten, Stefan ins Bein zu zwacken. „Kusch, pfui, geh nach Haus", rief der Junge. Er dachte flüchtig an den blonden Ulli aus seiner Klasse, der mutig nach jedem Hund trat, der ihn anbellte. Aber Stefan wagte das nicht recht, zumal sein Onkel ihm doch extra eingeschärft hatte, sich gut zu benehmen.

„Sei doch still, ich tu' dir ja nichts", sagte Stefan darum zu dem Hund, aber er wehrte ihn doch etwas ängstlich mit dem Sporenpaket immer wieder ab. Da erscholl ein gebieterisches: „Still, Wuppi, kusch, schäm dich doch!" Und ein Mädchen, nicht größer als Stefan, bog um die Ecke. Es trug lange Hosen und einen grauen Pullover.

Der Pudel Wuppi knurrte noch ein wenig, ließ sich dann aber von seiner jungen Herrin auf den Arm nehmen. Jetzt öffnete sich auch die Haustür, und eine junge Frau mit weißer Schürze fragte, was Stefan wünsche.

„Guten Tag, Frau von Berg, ich soll die Sporen mit einer Empfehlung von . . .“

Aber er kam nicht weiter. Das kleine Mädchen brach in schallendes Gelächter aus, und auch die Frau in der weißen Schürze lachte ein wenig. Stefan wurde feuerrot und begriff zu spät, daß diese hier nicht Frau von Berg war, sondern eine Hausangestellte.

„Der ist zum Piepen, nicht?“ krähte das Mädchen und deutete dann auf Stefans Paket. „So, die neuen Sporen sind da drin? Gib sie mal her.“

„Es sind aber zwei Paar, ich soll das eine Paar wieder mitnehmen“, stotterte Stefan und wünschte sich so schnell wie möglich fort von hier.

„Na, dann komm mit rein“, entschied das Kind und schubste ihn einfach über die Diele hin bis zu einer hohen Glastür, die in ein großes helles Zimmer führte. Stefan glaubte im ersten Augenblick, ein Schloß zu betreten. So dicke Teppiche, so viele bunte Sessel, Gemälde und riesige Blumenvasen hatte er noch nie in einem Zimmer gesehen. Aus einem dieser tiefen Sessel erhob sich nun eine schlanke Frau.

„Nun, Ille, wen bringst du mir denn da, wieder ein neuer kleiner Freund von dir?“ fragte die Dame, aber ihr Töchterchen schüttelte lachend den Kopf. „Nö, der Junge hat nur die neuen Sporen für dich.“

Stefan dachte verzweifelt, ob dies nun wohl die richtige Frau von Berg sei oder wieder eine andere. Sie sah so jung aus, daß man sie für die ältere Schwester dieser Ille hätte halten können.

„Ach so“, sagte sie nun, „die Sporen! Hast du zwei Paar zur Auswahl mitgebracht?“ Stefan nickte, er war schrecklich verlegen. Er merkte, daß seine Ohren anfingen zu glühen, und weil er sich darüber ärgerte, wurde es immer noch schlimmer. Aber das Gräßlichste war, daß dieses Mädchen Ille alles genau beobachtete und dabei ungeniert grinste. Sie schien überhaupt sehr neugierig zu sein, denn sie wickelte das Sporenpaket nun einfach aus.

„Diese will ich", sagte die Dame sofort und deutete auf die Sporen, die die kleineren Rädchen hatten. Es waren die teuereren.

„Bist du etwa schon Lehrling im Geschäft?" fragte Frau von Berg Stefan freundlich.

„Nein, das Geschäft gehört meinem Onkel, ich — wir wohnen nur bei ihm. Ich gehe noch ins Gymnasium."

„In welche Klasse?" rief Ille sofort und hob die Stupsnase.

„Siebte."

„Prima. Ich bin nämlich in der sechsten und brüte seit einer Stunde über meinen Matheaufgaben, könntest du mir da vielleicht helfen?" Und schon ergriff Ille den Jungen am Ärmel, um ihn zu verschleppen.

„Aber Ille", lachte ihre Mutter, „du weißt doch gar nicht, ob dieser junge Mann Zeit und Lust dazu hat!"

„Doch, hat er", erklärte Ille unbeeindruckt, „dafür darf er nachher auch beim Reiten zusehen."

Stefan horchte auf. Es fiel ihm ein, daß Dr. Aumüller heute mittag erzählt hatte, es sei kürzlich in der Stadt eine neue Reitschule gegründet worden. Ob es sich wohl um diese Schule handelte?

„Du magst doch, wie?" Ille lächelte ihn an, sie konnte also auch nett und liebenswürdig sein. Dann zog sie ihn zur Türe hin: „Komm mit nach oben auf mein Zimmer.“ Und Stefan ging mit. „Kannst du etwa auch reiten?“ fragte sie ihn auf der Treppe, und weil sie dabei schon wieder so spöttisch grinste, so richtig, als wollte sie sagen: Na, du siehst mir nicht aus, als ob du irgend etwas könntest, nickte er hochmütig und sagte: „Ja.“

„Wirklich? Wo hast du es gelernt?“

„Im Schwarzwald. Wir haben bis zum letzten Jahr dort gewohnt. Wir hatten selbst ein Pferd.“

Ille sah ihn daraufhin wesentlich respektvoller an. Und auch Wuppi, der schwarze Hund, schien ihn anzuerkennen, denn er sprang nun ganz freundlich an ihm hoch und ließ sich streicheln. Illes Schulaufgaben lagen ausgebreitet auf dem Tisch. Sie sahen nicht gerade vielversprechend aus. Auf der Rechenseite war mehr durchgestrichen als stehengelassen. Stefan flehte zu allen Göttern, daß er dieser Rechnerei gewachsen sein möge. Ille sah ihn an: „Wie du heißt, weiß ich überhaupt noch nicht! Still, sag es noch nicht, laß mich raten; mit was für einem Buchstaben fängt dein Name an?“

„Mit S.“

„Mit S? Lieber Gott, was gibt es denn mit S für Jungennamen? Ach klar, Siegfried!“

„Nein, falsch.“

„Schade. Siegfried finde ich hübsch.“ Ille dachte angestrengt nach. Dann schüttelte sie lachend den Kopf: „Der einzige Name mit S, der mir noch einfällt, ist Salomon!“ Auch Stefan lachte nun.

„Ich heiße Stefan, Stefan Wesenberg.“

„Stefan? Oh, das ist auch ganz nett, finde ich. Aber ich werde dich trotzdem Salomon nennen.“ Stefan riß die Augen auf. Am liebsten hätte er nun gerufen:

Untersteh dich, mich so anzureden, aber er wußte, daß man solche Gören damit nur erst recht reizte. Nicht umsonst war er durch die zwei Gespielinnen aus dem Schwarzwalddorf im Umgang mit Mädchen erfahren. Man mußte ihnen zuweilen ihren Willen lassen, dann kam man ganz gut mit ihnen aus. Besser jedenfalls als mit Jungen, die ewig raufen wollten.

„Zeig mal her", sagte er nun ein wenig gönnerhaft und langte nach dem Rechenheft. „Darfst du so eine Schmiererei denn abgeben?"

„Eigentlich nicht. Aber ich bleibe wahrscheinlich doch sitzen, da ist es schon wurscht."

Glücklicherweise kannte sich Stefan mit dieser Art Aufgaben noch aus. Sie waren wirklich nicht sehr schwer, wenn man den Trick heraus hatte. Er setzte sich neben Ille und erklärte ihr geduldig, wie man die Lösung finden konnte.

„Schreib es nur hin", kommandierte die kleine Dame.

„Nein, hinschreiben mußt du es, sonst merkt man es an der Schrift." Er diktierte, und Ille schrieb. Er versuchte, ihr das, was sie schrieb, auch zu erklären, aber sie gab sich nicht die geringste Mühe, es zu verstehen. „Laß man, das kapiere ich doch nie, Rechnen ist überhaupt doof. Hauptsache, ich habe die richtige Lösung." Stefan schüttelte den Kopf über soviel Gleichgültigkeit.

„Sind deine Eltern denn nicht böse, wenn du so schlechte Zeugnisse bringst?" fragte er und dachte an das Gesicht seiner Mutter, das immer erblaßte, wenn sich bei ihm eine Note verschlechtert hatte.

„Nö. Papi schimpft ein bißchen, und Mami sagt, Rechnen hätte sie auch immer gräßlich gefunden.

Dafür bin ich in Englisch die Beste. Ich war schon zweimal in Birmingham, da haben wir Verwandte. Übrigens will ich um vier zum Voltigieren. Kannst du auch voltigieren?" Stefan erschrak. Soeben hatte er noch überlegt, wo Birmingham lag, und nun sollte er schon wieder etwas wissen. Er erriet, daß Voltigieren etwas mit Reiten zu tun haben mußte, aber was? Dieses Wort hatte er noch nie gehört. Er wurde schon wieder verlegen.

„Nein", sagte er obenhin, „das haben sie bei uns nicht gemacht." Und diese Antwort schien sogar zu passen, denn Ille forschte nicht genauer nach.

„Du kannst nachher zugucken, ich nehme dich mit", sagte sie und setzte wohl voraus, daß er diese Ehre zu schätzen wisse. Als sie die Aufgaben fertig hatten, brachte die Frau in der weißen Schürze zwei Cola, Salzstangen und Chips. Sie stellte alles auf den Tisch und sagte, die Kinder sollten es sich schmecken lassen. Stefan schielte begierig auf die Köstlichkeiten. Ihm lief schon das Wasser im Munde zusammen, und plötzlich spürte er auch, daß er schon lange einen trockenen Mund hatte und gern etwas trinken würde. Leider griff Ille noch nicht zu, und so zwang auch er sich, noch zu warten. Aber Wuppi half ihm. Wuppi setzte sich nämlich plötzlich auf die Hinterbeine und machte Männchen. Er hob die beiden Vorderpfötchen und zappelte mit ihnen in der Luft herum, was so aussah, als mache er: bitte, bitte.

„Freßsack", erklärte Ille, „der Köter wird viel zu dick. Außerdem ist das nichts für ihn. Ein Hund muß schlank sein, wenn er Rasse hat." Sie plapperte diesen Ausspruch wohl irgendeinem Erwachsenen nach. Aber sie selbst schob sich nun endlich ein paar

Chips in den Mund und nahm auch einen kräftigen Schluck — gleich aus der Flasche. Stefan wartete ihre Aufforderung gar nicht erst ab, sondern tat es ihr sofort nach.

„Wie weit ist es bis zur Reitschule?" fragte er dann, als er den Mund gerade einmal leer hatte.

„Mit dem Rad zehn Minuten. Du bist doch auch mit dem Rad gekommen?" Stefan bemerkte eine Fotografie an der Wand, die Frau von Berg zeigte, wie sie ihr Gesicht an einen Pferdekopf gelehnt hatte.

„Das ist Mami mit Goldfasan."

„Goldfasan? Heißt so euer Pferd?" Ille sah ihn an, als hätte er gefragt: Goldfasan, ist das ein Kaninchen?

„Na, hör mal, hast du etwa noch nie von Goldfasan gehört? Mit dem gewinnt meine Mutter doch alle Turniere, er ist das berühmteste Pferd von der ganzen Welt." Von der ganzen Welt? Das erschien Stefan, der doch selbst gern etwas aufschnitt, reichlich übertrieben. Aber da er im Augenblick keinen Trumpf wußte, den er hätte darübersetzen können, schwieg er.

„Du kannst Goldfasan nachher sehen, er steht bei Herrn Hasemann im Stall. Mami reitet auch noch eine Stunde Dressur, wenn wir mit dem Voltigieren fertig sind." Auf dieses Voltigieren war Stefan nun ausgesprochen gespannt. Ob er, ohne fragen zu müssen, erfahren konnte, was es eigentlich war? Frau von Berg stand schon in der Diele, als die beiden von oben herunterkamen.

„Mami, darf Salomon öfter kommen, um mir bei den Aufgaben zu helfen? Er erklärt wunderbar, ich habe alles sofort verstanden", behauptete Ille, ohne rot zu werden. Und wieder hatte sie sich keineswegs vorher bei Stefan erkundigt, ob er etwa Lust dazu habe. Salomon hatte sie gesagt! Stefan reckte sich:

„Ich heiße Stefan, sie sagt nur aus Spaß Salomon." So, dies war er seiner Würde schuldig gewesen. Frau von Berg lachte: „Mach dir nichts draus, Stefan, sie tauft alle Leute um, aber du hast ganz recht, laß dir von ihr nur nicht alles gefallen. Wenn du magst, komm nur sooft du willst." Stefan freute sich im Grunde, daß Ille so gefragt hatte.

„Also, auf Wiedersehen, Mami, wir werden uns ja im Stall noch treffen." Ille holte ihr Rad aus der Garage, deren Türe offen stand. Man sah einen kleinen Zweisitzer mit aufgeschlagenem Verdeck. Ille deutete darauf hin:

„Das ist Mamis Wagen, kannst du auch schon schalten? Ich kann es längst." Nein, Stefan konnte nicht schalten, er hatte noch niemals Gelegenheit dazu gehabt, es zu erlernen. Er sagte deshalb nur kühl: „Ich weiß, wie es gemacht wird, aber getan hab' ich es noch nicht." Ille blickte wieder so ein wenig spöttisch über ihn hin, schwieg aber. Wuppi wurde in den Garten zurückgeschickt, er hatte unbedingt mitkommen wollen. Dann radelten sie los. Ille fuhr ein scharfes Tempo, sie hatte nicht die geringste Angst, mitten im dicksten Verkehr eine Straße zu überqueren. Als sie vor der Hasemannschen Reitschule ankamen, stellte Stefan fest, daß sie gar nicht so weit von seiner eigenen Wohnung entfernt lag.

Als Stefan den Stallgeruch in die Nase bekam, spürte er sein Herz klopfen. Diese unberechenbare Ille würde doch am Ende nicht verlangen, daß er ihr seine Reitkünste vorführen solle? Daran hatte er gar nicht gedacht, als er damit geprotzt hatte, auch reiten zu können. Am liebsten wäre er schnellstens umgekehrt. Ille zeigte ihm aber bereits den Platz, wo man die Räder einstellte und zog ihn dann mit sich. Im Stall warteten schon drei andere Kinder, zwei Jungen und ein Mädchen, und dieses Mädchen war höchstens sechs Jahre alt. „Das ist Moni", stellte Ille vor, „unser Wunderkind, die ist reif für den Zirkus." Die beiden Jungen waren wohl ebenfalls jünger als Stefan, sie hießen Klaus und Dieter und schienen Brüder zu sein.

„Wie alt bist du eigentlich?" fragte Stefan Ille.

„Ich werde dreizehn", sagte sie, verriet aber nicht, ob sie es schon in den nächsten Tagen oder erst in Monaten werden würde.

„Ich werde vierzehn", sagte Stefan und reckte sich. Denn auch diese Zahl lag noch in weiter Ferne.

„Komm, ich zeig' dir schnell noch den Goldfasan." Ille dirigierte Stefan durch den Stall hindurch bis zu einer der letzten Boxen, über deren Rand sich eine Pferdenase erhob.

„Man sagt im allgemeinen ‚Guten Tag', wenn man hereinkommt", brummte aus dem Hintergrund eine verärgerte Stimme. Stefan entdeckte einen alten Mann, der Futter aus einem Sack schüttete, und sagte sofort höflich: „Guten Tag, entschuldigen Sie bitte, aber ich war geblendet und habe Sie nicht gesehen."

„Tag, Heinrich", rief Ille obenhin, „schon wieder schlechte Laune?" und ging zu Goldfasan.

„Sieh mal, wie er mich kennt", lachte sie. Das Pferd wieherte ihr entgegen und scharrte, als es Ille entdeckte. Es war ein wunderschöner Goldfuchs mit großen aufmerksamen Augen. Ille kramte ein Stück Würfelzucker aus ihrer Hosentasche und reichte es dem Tier. Goldfasan nahm es, schnaubte und wollte mehr haben. Ille reichte das zweite Stück, das sie besaß, Stefan: „Da, gib du es ihm, dann lernt er dich gleich kennen." Stefan hielt dem Pferd mit zwei Fingern den Zucker hin, aber das war falsch. Fast hätte Goldfasan ihn gebissen, man sah schon seine langen gelben Zähne. Stefan zuckte erschreckt zurück. Ille blickte ihn zweifelnd an: „Na du, mit Pferden scheinst du aber nicht viel umgegangen zu sein. Man gibt den Zucker doch auf der flachen Hand, nicht mit spitzen Fingern!" Stefan biß sich wütend auf die Lip-

pen und hätte sich ohrfeigen mögen. Idiot, der er war, jetzt fiel ihm natürlich ein, daß sie zu Hause der Lotte den Zucker auch nur auf der flachen Hand gereicht hatte.

„Ich glaube, du hast Angst", sagte Ille ein bißchen verächtlich und wandte sich ab, einem anderen Pferd zu, das lebhaft mit den Augen rollte.

„Das ist Segelflieger, der ist schon alt, ich glaube über zwanzig Jahre, früher war er einmal ein gutes Turnierpferd. Er gehört Herrn Hasemann, jeder, der will, kann heute auf ihm reiten. Armer Segelflieger!" Ille streichelte dem Apfelschimmel über die Nase und kümmerte sich nicht darum, daß er mit den Augen rollte und gar nicht freundlich wirkte. Stefan hörte immer noch ihr enttäuschtes: ‚Ich glaube, du

hast Angst!‘ Das hatte ihn hart getroffen, und er konnte es nicht so schnell vergessen. Ja, hatte er denn wirklich Angst? Zum erstenmal dachte er ernsthaft darüber nach. Auf jeden Fall hatte es schon manche Dinge in seinem Leben gegeben, die er gefürchtete hatte. Den Zahnarzt, die Schwester im Krankenhaus, die ihm die Spritzen gab — und jede große Klassenarbeit, jede Prüfung fürchtete er. Und die rohen Fäuste anderer Jungen, fürchtete er die nicht etwa auch? Ja, und plötzlich hatte er auch vor dem Reiten Angst. Die Pferde erschienen ihm alle so hoch, so unruhig, und als nun ein junger Knecht einen Falben aus seiner Box frei durch den Stall gehen ließ, wich er so weit wie möglich zur Seite. Ob die Ille es bemerkt hatte?

„Na, mein Baldur“, lockte sie und stellte sich dem fahlgelben Pferd lachend mitten in den Weg. Baldur blieb sofort stehen und senkte schnuppernd die Nase. In diesem Augenblick bewunderte Stefan das Mädchen aus vollem Herzen. Ille fischte wiederum ein Stück Zucker aus ihrer unergründlichen Hosentasche und hielt es Baldur hin. Der nahm es manierlich, fast würdevoll, keineswegs so gierig wie Goldfasan.

Nur um etwas zu sagen und seine Scheu zu beschwichtigen, fragte Stefan: „Volte . . . voltigierst du mit Goldfasan?“

Ille lachte ihn aus: „Aber nein, der arme Goldfasan, der würde sich schön bedanken. Baldur ist unser Voltigierpferd, haha, Heinrich, stellen Sie sich vor, wir würden auf Goldfasan herumturnen!“ Auch der alte Heinrich verzog das Gesicht und brachte Baldurs Zaumzeug. Ille nahm es ihm ab, und das, was sie nun tat, hätte Stefan niemals tun können. Er sah ihr ganz genau zu. Sie versuchte nun, dem gelben Baldur die Trense ins Maul zu stecken. Das schien gar nicht so einfach zu sein. Anfangs sträubte sich Baldur. Ille hielt die Trense in der linken Hand zwischen drei Fingern, und als Baldur das Maul immer noch nicht freiwillig öffnete, schob sie ihm einfach ihren Daumen in eine Zaunlücke und schwupp, hatte er die Trense dazwischen. Ille bog seinen Kopf ein wenig zu sich herab, damit sie ihm das Zaumzeug über die Ohren streifen konnte. Baldur ließ nun alles mit sich geschehen, und Stefan war überzeugt, daß Baldur das frommste Tier unter der Sonne war. Er tätschelte ihm, nun mutiger geworden, den Hals und wich auch nicht mehr zurück, als Baldur sich nach ihm umsah und die Ohren ein wenig anlegte.

„Jetzt denkt er: Schon wieder einer mehr, der auf mir herumklettern wird“, lachte Ille und nahm Baldur nun einfach beim Zügel. Stefan bemerkte, daß Baldur einen breiten Gurt mit zwei eigenartigen Handgriffen trug, und er nahm an, daß sich die reitenden Kinder wahrscheinlich daran festhalten sollten. Er hatte nicht ganz unrecht, zum Festhalten waren diese Griffe allerdings da, aber anders, als Stefan sich das vorgestellt hatte. Die anderen drei Kinder waren nun ebenfalls herangekommen, und jedes hatte für Baldur ein Stückchen Zucker mitgebracht. Kein Wunder also, daß der nicht mehr allzu gierig darauf war!

„Wer darf ihn in die Bahn reiten?“ fragte einer der Jungen.

„Du bestimmt nicht“, schrie Ille sofort, „denn du hast es erst das letzte Mal dürfen.“

„Und du hast ihn zurückgeritten", rief Dieter ebenso energisch, „ich glaube, unser Baby ist dran." Das „Baby" Monika strahlte und wollte sofort in den Sattel klettern, da bestimmte Ille plötzlich: „Ach, lassen wir doch Stefan reiten, vielleicht freut es ihn — und eigentlich habe ich es ihm versprochen! Moni reitet dann nachher zurück, ja?"

Die kleine Monika war sofort einverstanden, sie tat immer alles, was die Großen ihr befahlen. Der einzige, der mit diesem großzügigen Vorschlag nicht einverstanden war, war Stefan selbst. Und gerade ihm hatten sie doch eine Freude mit ihrer Zustimmung machen wollen.

„Na schön, also aufgesessen", brummte der alte Heinrich und reichte Stefan die Zügel hin. Stefan wäre am liebsten jetzt in das berühmte Mauseloch gesunken oder hätte sich in Luft aufgelöst, wenn das möglich gewesen wäre. Alles andere wünschte er sich eher, als hier nun vor den vielen neugierigen und kritischen Augen auf Baldur klettern zu müssen. Er wußte überhaupt nicht, wie er da hinaufkommen sollte, denn auf einem richtigen Reitpferd hatte er doch noch nie gesessen.

„Mit diesem komischen Sattel weiß ich nicht Bescheid", sagte er ein wenig kläglich, „wir ritten immer ohne."

„Brav", dröhnte der alte Heinrich, „das sag' ich ja immer! Ohne Sattel, das macht den Reiter, am besten ohne alles. Also los, Junge, zeig, was du kannst." Nun half ja ohnehin alles nichts mehr. Stefan hatte das Gefühl, das ihn immer dann überkam, wenn es absolut kein Ausweichen mehr gab — so wie beim Zahnarzt, wenn der Bohrer schon vor seinem

Mund surrte. Na denn los, dachte er verzweifelt. Er griff blindlings nach den zwei Handgriffen, und plötzlich saß er droben. Er hätte selbst nicht sagen können, wie er es geschafft hatte. Aber wie hoch das war! Von hier oben erschien es ihm, als seien die Kinder metertief unter ihm. Sie sahen alle gespannt zu ihm auf.

„Nimm doch die Zügel richtig. Mein Gott, das wirst du doch wenigstens in deinem Schwarzwald gelernt haben", schimpfte Ille und legte ihm die Zügel in die Hände. Aber Stefan kam es vor, als seien diese Lederriemen endlos lang.

„Na, zieh sie nicht so fest an, es sind keine Haltetaue, sondern Hilfen für den Gaul", rügte sie noch, und dann gab Ille dem bisher so demütigen Baldur einen Klaps auf die Kruppe, daß er erschreckt die Nase hob und aus dem Stall trabte. Stefan dachte nur: Nun ist es aus, gleich rutsche ich! Er langte hastig nach einem der großen Griffe, aber die waren viel zu tief angebracht, als daß man sich sitzend richtig daran hätte festhalten können. Es wurde ihm klar, daß die nicht unbedingt dafür gedacht waren, den Reiter zu stützen. Die mußten zu etwas anderem gut sein. Die Kinder liefen alle hinter Baldur her und lachten. Wohin es ging, war Stefan völlig unbekannt, aber das Pferd schien den Weg zu kennen. Es überquerte den Hofplatz, auf dem ein Wagen, hoch mit Stroh bepackt, stand, und steuerte freudig auf diesen Wagen los.

„He, ho", schrien die Jungen, „mußt am linken Zügel ziehen, an den Wagen darf er doch nicht!" Stefan zog also am linken Zügel, und Baldur ließ brav von seinem Vorhaben ab. Aber er mußte doch wohl gemerkt haben, daß mit diesem Reiter auf seinem Rücken nicht viel los war. Er blieb plötzlich einfach stehen.

„Hüh", sagte Stefan leise, und dann noch einmal lauter: „Hüh!"

„Du", rief Ille, und es lag viel Verachtung in ihrer hellen Stimme, „du bist hier nicht auf dem Acker oder auf dem Milchwagen. Ein Reiter gibt dem Pferd die richtigen Hilfen, dann versteht es ihn schon."

„Ich möchte lieber absteigen", sagte Stefan und zog hochmütig die Lippen ein. Aber er war gar nicht hochmütig, nur sehr beschämt.

„Ich kann Menschen, die feige sind, nicht leiden", rief Ille und sah ihn bitterböse an.

Eingebildete Zicke, wie sie sich wichtig tut, dachte Stefan und biß schon wieder auf den Lippen herum. Dies war eine häßliche Angewohnheit von ihm, auch in der Schule tat er es zuweilen. Auch daheim, immer, wenn er sich ärgerte. Da fiel ihm ein, daß die Bauern, wenn sie manchmal am Abend ihre Pferde zur Tränke ritten, ihnen aufmunternd mit den Absätzen in die Flanken stießen. Ja natürlich, so war es ja. Das war das, was Ille „Hilfe geben" nannte! Richtige Reiter taten es mit ihren Sporen, mit diesen kleinen scharfen Rädchen, wie er heute ein Paar Frau von Berg gebracht hatte. Ach du liebe Zeit, nun hatte er doch vergessen, das andere Paar wieder mit zurückzunehmen! Der Onkel würde natürlich schimpfen und wieder einmal sagen, er sei eine Schlafmütze.

„Schlafmütze", rief in diesem Augenblick eines der Kinder, denn Baldur rührte sich immer noch nicht.

Wenn man keine Sporen hat, muß man eben kräftig zutreten, dachte Stefan und hieb dem Baldur mit aller Kraft seine Stiefel in die Weichen. Der Erfolg stellte sich sofort ein. Baldur machte einen fürchterlichen Satz nach vorn und rannte los. Stefan schloß für Sekunden die Augen, als Baldur nun in wahrem Höllentempo durch eine kleine Tür raste, hinter der es dunkel war. Weit hinter sich hörte er das Gelächter der Kinder und das Getrappel ihrer Füße. Über alle hinweg schwang Illes helles spöttisches Lachen. — Aus, dachte Stefan nur, alles ist aus.

Es wurde ihm schwarz vor den Augen, er rutschte, er hatte dabei das Gefühl, kellertief zu rutschen und wartete nur darauf, nun irgendwo hart aufzuschlagen. Aber er landete verhältnismäßig weich in irgendeiner Schicht, die den Boden bedeckte. Später konnte er dann feststellen, daß es eine Schicht aus Sägemehl, Torf und Sand war.

Er begriff nicht sofort, wo er sich befand. Er starrte nur verblüfft zu einem alten Hern empor, der den schnaubenden Baldur festhielt und sich über ihn beugte: „Was ist denn das für ein sonderbarer Vogel, der da von oben kommt?“ knurrte er.

Stefan sprang auf die Füße und schüttelte sich die Späne aus Haaren und Augen. Dann versuchte er, eine Verbeugung zu machen, die aber mißlang, weil seine Knie noch weich wie Watte waren.

„Ich heiße Stefan“, sagte er und kam sich reichlich blöde vor.

„Hasemann“, murmelte der Herr und grinste. „Freue mich, deine Bekanntschaft zu machen. Vielleicht würdest du bei deinem nächsten Sturz die alte Reiterlehre beherzigen, daß man niemals dabei die

Zügel seines Tieres losläßt. Auch wenn du koppheister mit ihm in einem Bach landest — nicht loslassen! Denn wenn der Gaul dir erst durchgebrannt ist, hast du viel größere Mühe, wieder auf ihn zu kommen!" Baldur stand nun brav wie ein Schäfchen und kaute auf dem Gebiß. Da stürmten die anderen Kinder herein. Ille zuerst. Stefan wäre am liebsten davongelaufen, aber das war nicht mehr möglich.

„Wie schade, Salomon, daß du dich nicht von hinten sehen konntest, einfach wunderbar! Die Schule im Schwarzwald muß großartig gewesen sein, wenn sie euch das beigebracht hat. Bist du wenigstens oben geblieben?"

„Nein", sagte Stefan und war nun wirklich wütend. „Ich konnte doch auch nicht wissen, daß dieses Biest so bockig ist!"

„Baldur ist gar nicht bockig", rief da die kleine Monika, „aber du hast ihn viel zu doll in die Seiten getreten. Nicht wahr?"

Klaus und Dieter nickten, Baldur sei lammfromm, behaupteten auch sie. Voltigieren könne man doch nur mit braven Pferden.

„Na, jedenfalls unsere Lotte hätte das nicht gemacht", versuchte Stefan eine letzte Ehrenrettung mit einer Lüge.

„Die war sicher ein Schaukelpferd", stichelte Dieter.

„An deiner Stelle nähme ich den Mund nicht gar so voll, Dieter", sagte Ille da, „denk mal an die letzte Stunde, und du kannst reiten!" Dieter wurde rot und wandte sich ab. Schon konnte Stefan dieser Ille nicht mehr böse sein, die einfach alles aussprach, was sie dachte. Wahrscheinlich hatte man sie nie dazu erzogen, den Mund zu halten. Sie heuchelte nicht, aber sie war gerecht.

„Setz dich da oben hin auf die Tribüne", sagte Ille nun und deutete auf mehrere Sitzreihen, die die Reitbahn an einer Schmalseite begrenzten. Die Bahn selbst war durch eine ziemlich hohe Holzwand von diesen Sitzen getrennt. Man war dort sicher, auch vor der Gefahr, noch einmal reiten zu müssen!

Im Laufe der nächsten Stunde lernte Stefan vieles. Zuerst erfuhr er einmal, daß man die leicht abgeschrägten Wände um die Bahn herum Bande nannte. Dann erfuhr er, daß die zwei großen Spiegel, die in der Bahn angebracht waren, dazu dienten, daß die Reiter ihre Haltung kontrollieren konnten. Im Laufe der ersten zehn Minuten hatte er erfaßt, was Voltigieren heißt. Voltigieren war eine Art Akrobatik, die die Kinder am galoppierenden Pferd betrieben. In der Mitte der Bahn stand Reitlehrer Hasemann und hielt Baldur an einer langen Leine, die aber in der Reitersprache Longe genannt wurde. Baldur galoppierte immer im Kreis herum, und auf diesen galoppierenden Baldur sprangen abwechselnd die Kinder. Stefan bewunderte ihre Leistungen restlos. Niemals hätte er das gekonnt! Sie kletterten auf Baldur herum, als sei er nicht ein lebendiges, sondern ein ausgestopftes Pferd. Nicht nur, daß sie einfach im Galopp auf den Sattel sprangen und auch wieder hinab, o nein, sie trieben kühnere Dinge. Sie machten die Schere über das Hinterteil des Pferdes hinweg beim Abspringen. Hierbei lernte Stefan, daß man das Hinterteil eines Pferdes Kruppe nennt. Dieter machte sogar einen Schulterstand auf dem galoppierenden Gaul, während die kleine Moni sich an den Handgriffen festhielt und dort einen Purzelbaum nach dem anderen schlug. Auch Ille zeigte einen wunderbaren Salto und allerlei andere tollkühne Künste. Wenigstens erschienen Stefan alle Leistungen dieser Kindergruppe einmalig und enorm, als hätten sie sie im Zirkus gelernt. Er wußte nicht, daß es gar nicht sehr schwer ist, auf ein galoppierendes Pferd aufzuspringen, man mußte nur „den Pfiff heraus haben", wie ihm später erklärt wurde. Man mußte den rechten Moment abpassen, und um das zu lernen, waren sie ja hier. Stefan kam sich von Minute zu Minute kleiner und unbedeutender vor und hätte seine großspurige Behauptung, reiten zu können, nur allzugern ungesprochen gemacht. Hin und wieder fielen Ausdrücke aus dem Munde des Reitlehrers, die Stefan nicht verstand, die von seinen Schülern aber sofort begriffen und ausgeführt wurden. Er horchte auf, als Hasemann dem Jungen Klaus zurief:

„Du mußt nicht neben dem Pferd herlaufen, sondern herhüpfen, Klaus! Achte immer auf den Galopp des Tieres, damit du im Einklang mit ihm bist. Du mußt etwas vor dem Pferd sein, wenn du aufspringen willst, dann geht es ganz von selbst."

Und wirklich, als Klaus diese Lehre befolgte, sprang er sofort viel gewandter auf. Stefan merkte sich alles genau. Er erfuhr nun auch, daß das Zaumzeug, an dem die Handgriffe angebracht waren, der Longiergurt hieß und daß ein Pferd, das links herum in der Bahn galoppiert, immer den inneren Vorderfuß zuerst vorstrecken muß.

Sowie Baldur einmal falsch galoppierte, wurde er von Hasemann zum Stehen gebracht und mußte neu anfangen.

Als die Voltigierstunde herum war, erschien es Stefan, als seien erst zehn Minuten vergangen. Er beneidete die vier jungen Reiter brennend, die ihm mit ihrem Können so turmhoch überlegen waren. Nun erst fiel ihm seine eigene Blamage doppelt beschämend auf die Seele, und er begriff seine Ungeschicklichkeit nicht mehr. Wie ein Sack war er heruntergefallen. Er meinte nun, nachdem er den anderen eine Stunde zugesehen hatte, es bestimmt besser zu machen. Es war ja gar nicht so schwer, man mußte nur sehr gerade sitzen und durfte sich auf keinen Fall nach vorn überkippen lassen, sonst rutschte man ab. Und man durfte sich nicht aus Angst einfach gleich fallen lassen! Auch das hatte er allein schon vom Zuschauen gelernt.

Monika schwang sich nun in den Sattel, da ihr ja versprochen worden war, Baldur in den Stall zurückreiten zu dürfen. Am Ausgang der Bahn war eine kleine Pfütze, dort hatte es über Nacht hineingeregnet, das Dach sollte morgen repariert werden. Und ausgerechnet in dieser kleinen Pfütze rutschte Baldur aus. Wahrscheinlich war der Boden darunter ein weicher Matsch. Baldur setzte sich bei seinem Sturz langsam auf die Hinterhand und kippte dann zur Seite um. Monika sprang sofort von seinem Rücken, sie hatte den Zügel noch in der Hand.

„Was ist denn los?“ rief Hasemann, der schon zur anderen Seite hin die Bahn verlassen hatte, da sie zwei Ausgänge besaß.

„Baldur ist gestürzt, in der Pfütze ausgerutscht“, rief Ille und versuchte, das Pferd zum Aufstehen zu bewegen. Aber Baldur sackte gleich wieder zurück.

„Der arme, arme Baldur“, rief Monika, und dicke

Tränen liefen ihr über das kleine Gesicht. „Sicher hat er sich weh getan, aber ich konnte doch nichts dafür, nicht?“

„Nein, nein, du konntest nichts dafür“, tröstete Ille, und dann bückte sie sich zu dem Pferd nieder und schnallte den Riemen los, der zwischen Baldurs Kinn und seiner Brust gewesen war.

„Macht den Ausbindezügel los!“ rief Hasemann in dieser Minute.

„Ille tut es schon.“

„Gut, du hast wirklich Pferdeverstand“, lobte der alte Herr. Als Baldur spürte, daß er nun den Kopf frei hatte, hob er ihn und sprang dann auf die Beine. Es war ihm nichts geschehen. Alle beklopften ihn und sprachen ihm gut zu. Am glücklichsten schien die kleine Monika. Und kein Wort hatte sie davon gesagt, daß sie sich bei dem Sturz am Knie weh getan hatte. Erst als sie ein wenig hinkte, kam es heraus.

„Macht nix“, lachte das Kind, „Mutti sagt immer, bis ich heirate, ist alles wieder gut.“

„Habt ihr gemerkt, Kinder, wie Baldur aufgesprungen ist? Ich meine, ob ihr beobachtet habt, auf welche Beine er sich zuerst erhob?“ fragte Hasemann.

„Auf die Vorderbeine!“

„Richtig. Ich will euch erzählen warum.“

„Au ja“, rief Ille, „es ist schrecklich interessant, ich kenne es schon.“

„Dann darfst du dir solange die Ohren zuhalten“, lachte Hasemann. Aber Ille hörte genauso gespannt zu wie die anderen.

„Pferde“, begann Herr Hasemann, „waren einst Steppenbewohner. Sie lebten, wie alle Tiere, wild und mußten sich sowohl ihre Nahrung selbst beschaffen als auch ständig auf ihren Schutz vor Angreifern bedacht sein. Die Steppe war mit hohem hartem Gras bewachsen. Wenn sie nun eine Gefahr witterten, hoben sie nur den Kopf über dieses Gras empor, um erst einmal festzustellen, was ihnen drohte. Aus diesem Grunde richteten sie sich nur erst auf den Vorderbeinen auf, das genügte, um den Kopf weit genug erheben zu können. Und nun beobachtet mal Kühe, wie die sich erheben."

„Ich weiß es", rief Stefan, und seine Wangen begannen zu glühen, „Kühe richten sich immer zuerst mit den Hinterbeinen auf!" Er hatte das oft genug auf den Schwarzwaldwiesen beobachtet.

„Richtig!" Hasemann sah ihn fast begeistert an. „Die Kühe waren im Gegensatz zum Pferd keine Steppen- sondern Waldbewohner. Wenn sie unter den Bäumen lagen und eine Gefahr nahen hörten, richteten sie die Hinterbeine auf, um mit der Nase dicht über dem Waldboden zu sein. Denn sie wollten unter den Bäumen hindurchgucken, was los war. Von oben konnte ihnen ja keine Gefahr drohen. Und dieser Urinstinkt der einst wild lebenden Tiere hat sich bis heute erhalten."

„Prima, nicht?" rief Ille, als habe sie höchst persönlich diesen Urinstinkt erfunden. ‚Wie kann man nur so frech sein', dachte Stefan, aber er dachte es irgendwie doch bewundernd.

„In diesem Zusammenhang fällt mir übrigens noch etwas ein", fuhr Hasemann fort. „Der Hund! Auch die Hunde waren einst Bewohner der Steppe. Ich sagte schon, daß das Steppengras hoch und hart war. Wenn nun ein Hund sich niederlegen wollte, mußte er sich dieses Gras erst einmal flachbügeln. Das geschah dadurch, daß er einige Male im Kreise darauf herumtrat."

„Ja", brüllte Ille, „und das tun die Hunde heute noch! Wenn unser Wuppi sich hinlegen will, dreht er sich erst einmal um sich selbst! Nun weiß ich doch, warum — gleich heute abend werde ich Vati prüfen, ob er es auch weiß!"

‚Pfundig', dachte Stefan, ‚was man hier alles lernen kann.' Aber er war doch recht erleichtert, daß die kleine Moni nun den Baldur endgültig in den Stall ritt und es nicht etwa der Ille eingefallen war, noch einmal zu bitten: Laßt Stefan es tun! Um kein Geld auf der Welt hätte er sich noch einmal so blamieren mögen. Ille kam auf ihn zu: „Nun, hat es dir gefallen? Ist Moni nicht einfach bewundernswert?"

‚Ja', dachte Stefan, ‚aber du bist eigentlich noch viel bewundernswerter.' Er nickte. Auch Herr Hasemann kam nun heran.

„Na, mein Freund, hast du nicht Lust bekommen mitzumachen? Reiten ist der schönste Sport, den es gibt, und je früher man damit anfängt, desto weiter bringt man es. Die Ille hier und auch die kleine Monika, die werden einmal viel erreichen. Oder interessierst du dich nicht für Pferde?"

„Doch, sehr", sagte Stefan und wurde schon wieder rot.

„Sie haben zu Hause selbst ein Pferd gehabt, deshalb kann er auch so wunderbar reiten", platzte Ille heraus und hüpfte von einem Fuß auf den anderen. Aber der alte Herr Hasemann lachte nicht mit. Er runzelte die Brauen, was ihm ein bißchen das Aussehen eines Weihnachtsmannes gab, und polterte:

„Es ist sehr unsportlich, mein kleines Fräulein von Berg, sich über andere lustig zu machen, die einmal ein wenig Pech hatten. Auch du bist am Anfang vom Pferd gefallen, hast du das schon vergessen?" Nun war auch Ille wie mit Tomatenpüree übergossen und blinzelte verlegen.

„Vorhin, als die anderen mich auslachten, hat sie mich aber verteidigt", sagte Stefan sofort; „sie darf ruhig lachen, sie kann es ja wirklich am besten. Ich würde es nie so lernen, ich glaube, ich habe wirklich kein Talent. Ich bin auch ein ganz schlechter Turner." Stefan wußte selbst nicht recht, was ihm plötzlich dies ehrliche Bekenntnis entlockt hatte. Er wußte auch nicht, warum Herr Hasemann ihn freundlich ansah und den Arm um ihn legte.

„Ich glaube, ihr seid zwei anständige Kameraden, wie?" lächelte er und blickte von ihm zu Ille. „Eure Haltung gefällt mir. Und wenn du ein schlechter Turner bist, will das gar nicht besagen, daß du auch ein schlechter Reiter würdest. Zum Reiten gehört mehr Herz als Talent! Zum Voltigieren wärst du vielleicht nicht begabt, möglich, aber das muß ja auch nicht sein. Bist ohnehin schon ein wenig zu groß dafür, damit sollte man ganz jung beginnen. Wie alt bist du?"

„Ich werde . . . ich bin dreizehn", sagte Stefan. Hasemann schmunzelte. Stefan fühlte, daß dieser an sich so streng wirkende alte Herr ihn leiden mochte. Und auch er fühlte sich sehr zu Herrn Hasemann hingezogen. Ihm gegenüber hatte er nicht das geringste Bedürfnis aufzuschneiden. Noch niemals hatte er so ehrlich bekannt: Ich bin ein schlechter Turner.

„Im Rechnen ist er prima", lachte Ille nun. „Lern

doch reiten, Salomon, in unserer Jugendabteilung sind eine ganze Menge Jungen wie du."

„Eine ganze Menge nennst du das, Ille? Eine ganze Menge, wenn ein halbes Dutzend Jungen in einer so großen Stadt Freude am Reiten haben? Hundert müßten es sein, tausend, die sich darauf besännen, daß Reiten der edelste Sport ist. Habt ihr nie darüber nachgedacht, was das Wort: eine ‚ritterliche Haltung' bedeuten soll? Ritterlich kommt von reiterlich und heißt edel, anständig, sauber. Aber alles ist in den Wind geredet bei einer Jugend, die lieber ins Kino rennt. Wieso nennst du diesen jungen Mann Salomon, ich dachte, er hieße Stefan?"

„Heiße ich auch. Ille hat . . ."

„. . . hat dich umgetauft, wie? Laß es dir nicht gefallen, junger Mann. Gegen kleine Mädchen, die einem auf der Nase herumtanzen wollen, muß man sich energisch zur Wehr setzen!" Lachend ging Hasemann nun in sein Büro, das am anderen Ende der Reitbahn lag.

Ille wandte sich, während sie den Hof überschritten, nach Stefan um:

„Was möchtest du eigentlich mal werden, Salomon?"

„Auf Salomon antworte ich nicht mehr."

Ille kicherte. „Was möchtest du mal werden — Stefan?"

„Ich weiß es noch nicht ganz genau, aber ich glaube, am liebsten Arzt."

„Tierarzt?"

„Nein, warum?"

„Na, ich dachte bloß." Ille kicherte schon wieder. Dann deutete sie auf den kleinen Wagen, den Stefan schon in Bergs Garage gesehen hatte. Illes Mutter stieg gerade aus.

„Jetzt gucken wir Mami noch zu, ja? Sie trainiert fürs nächste Turnier. Hoffentlich bekommt sie wieder einen Preis."

„Wo ist denn das Turnier?" fragte Stefan.

„In Paris."

„In Paris?" Nun wunderte sich Stefan noch mehr, denn Paris, das war ja in Frankreich und war sehr weit. Aber hatte Ille nicht auch erzählt, schon zweimal in England gewesen zu sein?

„Reitet deine Mutter dort ihren Goldfasan?"

„Klar."

„Ja — aber — wie kommt sie denn mit dem Pferd dorthin?"

Ille lachte: „Zu Fuß natürlich nicht. Du bist doch nicht so weise, Salomon, wie ich dachte. Sie fahren im Zug, die Pferde mit den Burschen im Pferdewagen, Mami im Schlafwagen. Rennpferde reisen doch auch dauernd herum. Aber komm, wir wollen in den Stall gehen, paß mal auf, wie Goldfasan sich freut, wenn er Mami erkennt."

Und wirklich, schon an der Stalltür scholl ihnen Goldfasans freudige Begrüßung entgegen. Frau von Berg lächelte und legte ihr Gesicht zärtlich an Goldfasans Kopf. Ille ging zu den beiden hin, während Stefan zurückblieb, in der Nähe des alten Heinrich, der zwei Tiegel vor sich hatte und irgendeine Salbe zusammenstrich. Es war ein glitschiges braunes Zeug, und plötzlich glitt ihm der eine Topf aus den Händen. Aber Stefan hatte den Vorgang beobachtet und war schnell genug zur Stelle, um den Tiegel aufzufangen. Den Lippen des alten Heinrich war in dieser Sekunde ein Fluch entschlüpft — und genau diesen Fluch hatten zuweilen die Bauern im Schwarzwald ausgestoßen, wenn sie sich über ihre Ochsen erbost oder versehentlich in den Finger geschnitten hatten. Es war ein typischer Schwarzwälderfluch, Fremde verstanden ihn gar nicht. Der Junge mußte lachen. Es heimelte ihn an, daß hier in der großen fremden Stadt jemand die Sprache seiner Kindheit kannte. Den Dialekt, der ihm doch in den ersten Monaten hier am Rhein so schwer zu schaffen gemacht hatte. Jetzt war er ihn los, auch Heinrich sprach ihn nicht — aber nun hatte er in ihm geflucht! Stefan antwortete darum in der schwäbischen Mundart, die überall im Schwarzwald gesprochen wurde. Der Alte sah ihn verdutzt an. Dann huschte ein freudiges Erkennen über sein stoppeliges Gesicht.

„Ja mei, bischt du am End' au a Schwarzwälderbub?"

Stefan nickte: „Ha jo", und erzählte, daß er erst vor einem Jahr in die Stadt gekommen sei. Und dann stellte sich heraus, daß Heinrich aus demselben Ort stammte wie Stefans Großvater, der ja dort Bürgermeister gewesen war. Ihn kannte Heinrich genau, er war sogar mit ihm zusammen zur Schule gegangen! Dreißig Jahre sei er nicht daheim gewesen, gestand Heinrich nun und seufzte ein wenig. Eines Mädchens wegen habe er die Heimat verlassen, weil sie ihn nicht mehr haben wollte, sondern einen anderen lieber hatte. Jedes Jahr habe er sich vorgenommen, nun doch endlich einmal wieder nach Hause zu fahren, sein Bruder und auch seine Schwester lebten noch dort. Aber nie habe er sich entschließen können, und geschrieben habe er auch nie, nein.

„Dreißig Jahre lang nicht?“ wunderte sich Stefan.

Ja, ungefähr so lange sei es her. Damals sei er nach Amerika gegangen, auf ein Gestüt, weil er schon immer etwas von Pferden verstanden habe. Es sei ja auch damals eine schlechte Zeit gewesen. Aber dann sei er wiedergekommen und habe Herrn Hasemann, den er schon seit seiner Kindheit kannte, wiedergetroffen, ja, und bei dem sei er dann hängengeblieben bis heute. Heinrich fragte dieses und jenes. Immer mehr Namen fielen ihm ein, nach denen er sich erkundigte. Von manchen konnte Stefan ihm erzählen. Und so, beim Plaudern über das vertraute kleine Dorf, da oben in den Bergen, wurde es auch ihm ganz warm ums Herz. Eigentlich hatte er bis heute nie Sehnsucht nach dem Schwarzwald gehabt, denn er war ja nicht dort geboren. Er war als kleiner Junge dorthin gekommen und zusammen mit seinen Eltern vom Großvater aufgenommen worden. Aber nun merkte er doch, wie es ihn freute, über die zweite Heimat sprechen zu können. Dem alten Heinrich standen Tränen in den Augen, als er fragte: „Und das Krämer-Bäbele, hast du das auch gekannt?“

Das Krämer-Bäbele kannte jeder. Es hatte einen Kramladen am Ausgang des Ortes, und jedes Kind, das bei ihm einkaufte, bekam ein Stück Kandiszucker. Bäbele, das war im Badischen die Abkürzung für Barbara. Ja ja, das Krämer-Bäbele lebe noch, die kenne er gut, sagte Stefan. Nun wollte Heinrich noch wissen, ob sie Kinder habe, ob auch ihr Mann noch lebe?

„Ihr Mann? Das Bäbele hat doch nie einen Mann gehabt? Davon wüßte ich doch. Die ewige Braut nannten sie sie im Dorf. Warum, weiß ich nicht.“

„Die ewige Braut. Hm.“ Der alte Heinrich schien dieser Nachricht viel Wichtigkeit beizumessen, Stefan konnte nicht recht verstehen, warum. Das Krämer-Bäbele war eine alte rundliche Frau mit grauem Haar, das sie in einem Knötchen zusammengerafft trug. Dieses Knötchen saß oben auf Ihrem Kopf und war so klein, daß die zwei Haarnadeln, die es festhielten, immer an den Seiten aus ihm herausstachen.

„Ich glaube, ich muß aber nun in die Bahn“, meinte Stefan dann, denn längst war Frau von Berg aus dem Stall geritten, und auch Ille war schon lange fort.

„Die Ille hat nämlich erlaubt, daß ich zusehen darf.“

„Die hat gar nichts zu erlauben, dies Fräulein Wunderfitz“, brummte Heinrich. Wunderfitz, das war auch so ein heimatlicher Ausdruck. Wunderfitzig nannten sie im Dorf jeden, der besonders neugierig oder vorwitzig war.

Stefan merkte, daß der alte Heinrich die Ille nicht leiden konnte. Er glaubte aber, Ille ein wenig verteidigen zu müssen. Wenn sie auch gesagt hatte, er habe Angst, so hatte sie sich andererseits ihm gegenüber doch recht anständig benommen, und schließlich war er ja ihr Gast. „Die reitet aber prima, nicht?“ meinte er.

„Kunststück, wenn man mit sechs Jahren schon aufs eigene Pferd gesetzt wird. Ist aber kein Ernst hinter dem Mädchen, tut nur, was ihr Spaß macht, und weiß alles besser.“

„Ich wollte, ich könnte so reiten“, seufzte Stefan und meinte es ehrlich.

„Warum?“ Der alte Mann sah ihn prüfend an. Stefan schluckte, dann bekannte er offen: „Weil sie gesagt hat, ich hätte Angst! Sie hält mich für einen Feigling. Und — eigentlich — ja, eigentlich hatte sie recht. Ich hatte behauptet, reiten zu können. Zu Hause, da haben wir uns manchmal auf die Pferde gesetzt und sie zur Tränke geritten — Sie wissen ja, wo das ist, da am Bach.“

„Bei der Linde, nicht?“

„Ja, bei der Linde. Und da hatte ich eben gemeint, Reiten sei nichts weiter als Draufsitzen. Aber heute, da hab' ich nun gesehen, wie schwer es ist, und was man alles können muß. Und runtergefallen bin ich auch vom Baldur, als er mir durchbrannte . . .“

Heinrich lachte: „Reiten ist auch gar nicht schwer. Und Runterfallen ist keine Schande. Wer so verklemmt drauf sitzt, daß er nicht fallen kann, wird nie ein guter Reiter. Soso, Feigling hat das weise Fräulein Ille gesagt? Du, das ließe ich auch nicht auf mir sitzen! Das kannst du dir nicht von ihr gefallen lassen. Zeig es ihr, daß du keiner bist, lerne reiten, nun gerade!"

Nun gerade! Stefan hätte am liebsten laut „ja" gerufen, aber er wußte doch, daß er niemals das Geld für Reitstunden bekommen würde. Er schüttelte den Kopf. „Geht nicht, viel zu teuer."

„Herr Hasemann möchte aber gerade, daß ihr Jungen wieder Freude am Reiten bekommt, daß dieser großartige Sport wieder volkstümlich wird, daß ihr lernt, mit Pferden umzugehen. Er macht es sehr billig für euch."

„Trotzdem. Mutter spart für eine eigene Wohnung, es geht wirklich nicht, ich würde nicht wagen, sie darum zu bitten."

Der alte Heinrich hatte inzwischen seine Paste fertig geschmiert und nahm den Salbentiegel nun auf.

„Komm, hilf mir mal, der Gaul da hinten hat was am Huf." Stefan ging hilfsbereit hinter dem Alten her, der nun einen Rappen aus seiner Box herausholte.

„Was hat er denn?"

„Die Strahlfäule, das kommt zuweilen vor. Man kuriert das mit Holzkohlenteer. Ist ein fremder Gaul, stand bis jetzt in einem schlechten Stall, denn in einem guten Stall darf so etwas nicht passieren. Die haben das Tier wahrscheinlich nicht nach jedem Ritt gesäubert, sondern es mit allem Dreck an den Hufen in feuchtes Stroh gestellt. Bei mir hat noch keiner die Strahlfäule bekommen." Der Rappe trat unruhig hin und her. Aber diesmal wollte Stefan mutiger sein und blieb ruhig an der Seite des Alten. Er hielt den Salbentopf, während Heinrich das Bein des Pferdes anhob und den Huf stützte. Er zeigte dem Jungen, wie er das Heilmittel auftragen mußte, und Stefan tat es eifrig.

Tierarzt? schoß es ihm durch den Kopf, weil Ille es gefragt hatte. Warum nicht Tierarzt, dachte Stefan zum erstenmal. Der Rappe hatte den Kopf umgewandt und sah ihrem Treiben mit großen Augen zu. Er war nun ganz ruhig, als ob er ahnte, daß man ihm nur helfen wollte.

Segelflieger wieherte in seiner Box und steckte die Nase über die Tür. „Der ist eifersüchtig", lachte Heinrich. „Den kenne ich seit über zehn Jahren, den hab' ich sozusagen erzogen."

„Sie reiten auch?"

„Jetzt nicht mehr viel, aber früher, ja, da hab' ich Pferde auf dem Gestüt zugeritten, da konnte mir keiner was vormachen. Das waren schöne Zeiten, Junge, die kehren nie wieder."

„Warum sind Sie denn nicht auf dem Gestüt geblieben?"

„Weil man es aufgelöst hat, weil es nur noch wenige Gestüte gibt."

Heinrich wickelte um den kranken Huf einen dicken Verband. Dann ließ er den Rappen stehen und trug erst einmal seine Tiegel fort. Stefan klopfte den blanken Pferdehals.

„Ruhig mehr ran, Stefan", sagte Heinrich, „du darfst einem Tier nie zeigen, daß du . . . daß du ihm nicht traust." Wahrscheinlich hatte er sagen wollen: . . . daß du Angst hast, hatte es aber dann netterweise verschluckt. Stefan erglühte. Er hielt dem Schwarzen nun ganz ruhig die Hand hin und blieb auch stehen, als der einen Schritt auf ihn zumachte und nun so dicht neben ihm war, daß er des Tieres Atem im Gesicht spürte.

„So, nun geh nach oben, ich danke schön für die Hilfe", rief Heinrich. „Aber besuch mich mal wieder, und grüß deine Mutter, vielleicht hat sie mal von mir gehört."

„Ja, danke schön."

„Und überleg', ob es nicht doch geht mit dem Reiten. Vielleicht hast du noch ein paar Freunde, die auch mitmachen mögen, dann würde mein Chef dir sicher einen ganz niedrigen Preis machen. Es liegt ihm ja so viel daran, daß die Jugend es lernt. Es hängt nun mal sein ganzes Herz daran, und so einen Reitstall zu unterhalten, du, das kostet Geld. Pferde wollen gefüttert und gepflegt werden!"

Stefan ging über den Hof hinüber in die Bahn. Frau von Berg saß auf ihrem Goldfasan, als wäre sie mit ihm verwachsen. Eigentlich hatte Stefan sich vorgestellt, sie würde dauernd im Kreise herum Galopp reiten oder über Hindernisse springen. Aber sie ritt sehr ruhig an der Bande entlang, und es sah aus, als könnte Goldfasan die Schritte wählen, wie er wollte. Aber das sah eben wirklich nur so aus. In Wahrheit schrieb sie Goldfasan jede seiner Bewegungen bis ins kleinste vor. Sie gab ihm ihre Hilfen, und er mußte gehorchen, aber das konnten eben nur Eingeweihte erkennen. Stefan setzte sich neben Ille, die keinen Blick von ihrer Mutter ließ.

„Sie reitet Dressur, weißt du", flüsterte das Mädchen, „sie wird gleich piaffieren, falls du es verstehst.“ Stefan verstand es natürlich nicht. Voltigieren, piaffieren, lauter neue Wörter, die er noch nie gehört hatte. Aber er sagte nicht ja und nicht nein, sondern guckte nur sehr genau zu. Er war noch nie für vieles Fragen gewesen, er würde es auch so herausfinden. Er hatte ja auch herausgebracht, was Voltigieren hieß. Goldfasan hob die Beine, als wollte er traben, aber er kam dabei nicht von der Stelle.

„Trab auf der Stelle“, sagte Ille gönnerhaft, vermutlich hatte sie doch bereits entdeckt, daß Stefan es nicht wußte. „Sieht sehr elegant aus, nicht?“ Stefan nickte. Ganz dunkel stieg eine Erinnerung in ihm auf. Er konnte damals höchstens sechs Jahre alt gewesen sein, da hatte er einen Zirkus besuchen dürfen. Und in diesem Zirkus war eine Schulreiterin aufgetreten, die genauso geritten war, wie nun Illes Mutter.

„Früher ritt Mami im Damensattel, aber seit einigen Jahren hat sie sich umgestellt“, berichtete Ille weiter. „Papi findet zwar, es hätte noch schöner ausgesehen, aber so'n langer Rock ist doch doof.“

„Reitet dein Vater auch?“

Ille sah Stefan an, als hätte er gefragt: Wirst du naß, wenn du ins Wasser gehst? Konnte denn jemand so etwas Selbstverständliches nicht wissen, daß ihr Vater ein bekannter Reiter war?

„Klar, liest du denn keine Zeitungen?“

Stefan las wirklich keine Zeitungen, man nahm sie ihm immer gleich wieder fort, weil immer einer seiner Verwandten sie gerade dann lesen wollte, wenn er danach griff.

„Was hast du denn noch so lange bei Stoppelfeld im Stall gemacht?“

„Stoppelfeld?“

„Na ja, Heinrich! Ich nenne ihn so, weil er meistens nicht rasiert ist.“

„Wir haben festgestellt, daß er in dem Dorf geboren ist, in dem ich all die Jahre über war, er hat mit meinem Großvater zusammen die Schule besucht.“ Diesen letzten Satz hätte Stefan gern schnell zurückgenommen, aber Ille hakte bereits dahinter.

„Ist dein Großvater auch Knecht?“

„Knecht? Erlaube mal, er hat einen Hof gehabt!“

„Dann war er Bauer?“

„Und Bürgermeister!“

„Säuft er auch so wie Heinrich?“

„Aber nein — warum — säuft Heinrich denn?“

„Wie ein Loch, er ist oft betrunken, deshalb mußte er auch seine gute Stellung im Gestüt aufgeben. Hasemann hat ihn aus lauter Mitleid aufgenommen, weil sie sich schon lange kannten.“

Stefan meinte, seinen Freund Heinrich verteidigen zu müssen.

„Ich glaube aber, daß Herr Hasemann eine gute Kraft an ihm hat.“ Ob Heinrich wirklich so schlimm trinkt, dachte Stefan bekümmert. Eine rote Nase hatte er, das stimmte. Aber vielleicht übertrieb Ille auch, sie mochte Heinrich nicht, und Heinrich mochte sie nicht. Aber Stefan mochte beide. Und er mochte auch Hasemann. Er mochte alle Leute, die nett zu ihm waren, weil er sich immer nach Freundlichkeit sehnte und sie doch nur so selten empfing. Dieser Tag hatte viel Neues für ihn gebracht. Nicht nur Erfreuliches, aber trotzdem hatte er seit langem nicht so viel Glück empfunden.

„Ich muß nach Hause, Ille, ich danke dir auch

schön." Und nun fielen ihm erst wieder die vergessenen Sporen ein. ,,Ille, die Sporen! Hat deine Mutter sie vielleicht mitgebracht?"

,,Mami, hast du die anderen Sporen mitgebracht?"

Frau von Berg hielt Goldfasan an. ,,Nein, Kind, die liegen zu Hause in der Diele. Soll ich sie euch morgen ins Geschäft schicken, Stefan?"

,,Wenn es Ihnen nichts ausmacht . . ." Aber ein kleines frohes Gefühl kroch in ihm hoch, als Ille rief: ,,Ach, Unsinn, Stefan soll morgen zu uns kommen und sie holen."

,,Aber Ille!" Frau von Berg schüttelte wieder einmal den Kopf, doch sie lachte dabei.

,,Oder besser noch übermorgen, Stefan, da reite ich nämlich wieder. Wir springen dann über Hindernisse, da macht das Zuschauen immer Spaß." Ille war nicht einzuschüchtern. Stefan spitzte die Ohren. Springen, das war das, was er heute vergeblich erwartet hatte. Ille konnte also auch über Hindernisse reiten, das mußte doch noch schwieriger als Voltigieren sein. Die Dame auf dem Pferd nickte dem Jungen noch einmal zu, dann trabte sie wieder an.

Herr Hasemann, der nun auch in die Bahn gekommen war, rief: ,,Wollen wir noch einmal den fliegenden Galoppwechsel üben?"

Fliegenden Galoppwechsel? Was mochte das nun wieder sein? Stefan wäre gar zu gern noch dageblieben, aber länger ging es nun wirklich nicht mehr. Ille begleitete ihn hinaus, schien völlig davon überzeugt, daß sie ihn morgen, spätestens übermorgen, wiedersehen würde.

Es wurde schon dämmrig, als Stefan durch die Straßen fuhr, man merkte, daß der Herbst nahte.

Stefan war mit seinen Gedanken noch so sehr in Hasemanns Schule, daß er fast unter ein Auto geraten wäre.

„Schlafmütze!" brüllte ihn der Fahrer an. Stefan zuckte zusammen. Schlafmütze? So hatten sie ihn heute schon einmal genannt.

Aber es klang immer noch besser als Feigling.

Er kam dieses Mal später als gewöhnlich nach Hause. Seine Mutter wartete schon auf ihn. Als er in die Küche trat, meinte sie:

„Wo hast du denn so lange gesteckt? Ich bin schon ein bißchen unruhig geworden, weil ich mir gar nicht vorstellen konnte, wer dich aufgehalten haben könnte. Denn eigentlich hast du hier doch keinen Freund."

Stefan antwortete nicht. ‚Vielleicht', dachte er, ‚vielleicht habe ich doch einen Freund — sogar mehrere!'

„Sag nächstes Mal Bescheid, wenn du länger fortbleiben willst, ja?" sagte die Mutter.

Stefan verzog sich in sein schräges Stübchen, um rasch seine Hausaufgaben zu machen. Er konnte sich gar nicht richtig konzentrieren, seine Gedanken wanderten immer wieder zu Ille und den Pferden. Schule und Hausaufgaben erschienen ihm auf einmal so unwichtig und nebensächlich.

Beim Abendessen erzählte er dann von seinen Erlebnissen. Sein Onkel lächelte gutmütig und zog Stefan auf: „Du suchst dir ja vornehme Bekannte aus! Die von Bergs zählen mit zu den reichsten Leuten der Stadt. Sag mal, wo sind die überzähligen Sporen?"

„Vergessen", mußte Stefan gestehen. „Ich soll sie übermorgen holen."

Seiner Mutter war das vor dem Onkel sichtlich unangenehm, und ihr war anzumerken, daß sie Stefan Vorwürfe machen wollte.

Aber ehe sie etwas sagen konnte, lachte der Onkel und meinte: „Na, laß ihn! Wenn es übermorgen wieder Cola und Chips gibt, und er seine neue Freundin wieder in die Reitschule begleiten darf, kann ich noch eine Weile auf die Sporen warten."

Ein unverhoffter Sieg

Am übernächsten Mittag saß Ille in ihrem Zimmer und horchte dauernd auf die Haustürklingel, die nicht ertönen wollte. Sie trug wieder ihre lange Reithose und einen Pullover und bemühte sich, ihre Aufgaben etwas sauberer zu schreiben. Stefan sollte sich nicht wieder so entsetzen. Aber Stefan kam nicht. Immer wieder schielte sie auf die Uhr. Noch zehn Minuten konnte sie warten, dann aber wurde es höchste Zeit, zur Springstunde zu fahren. Als auch die zehn Minuten herum waren, ohne daß Stefan erschienen war, stand Ille auf. Wuppi, der sofort um ihre Beine herumsprang, bekam einen unwilligen Schubs und zog sich beleidigt zurück. Da klingelte es.

„Das ist er, das ist Salomon", jubelte Ille und sprang, immer zwei Stufen auf einmal nehmend, die Treppen hinab. Aber nicht Stefan stand draußen, sondern ein fremder junger Mann. Er machte eine Verbeugung und sagte, daß er geschickt worden sei, um die Sporen abzuholen.

„Warum ist denn nicht Stefan gekommen?" fragte

Ille sofort, und ihr Gesicht wurde ganz lang vor Enttäuschung.

„Stefan? Das weiß ich nicht, der Chef hat mich hergeschickt. Ich glaube, Stefan hat heute mittag Schule."

„Dann sagen Sie ihm bitte einen schönen Gruß, und er soll so bald wie möglich wieder kommen. Er braucht auch nicht zu reiten, wenn er es etwa befürchtet, sagen Sie ihm das bitte auch." Der junge Mann nickte ein wenig verwundert, nahm die Sporen und ging. Ille riß ihr Rad aus der Garage und raste los. Sie war von ihrer Gruppe die letzte.

„Natürlich", brummte Heinrich, „ein Pferd ist'ne Maschine, um die man sich nur kümmert, solange sie funktioniert." Er ärgerte sich immer über Reiter, die in der letzten Minute vor Beginn der Stunde angerannt kamen, sich keineswegs darum scherten, wie der Sattel saß, wie das Pferd gezäumt war, die nicht zu ihm in die Box gingen, um es zu begrüßen, und die sich auch nach dem Ritt nie darum kümmerten, daß es sich wohl fühlte. Die alles dem alten Heinrich oder seinem Gehilfen Max überließen. Kein Herz für die Tiere, reiten nur, daß sie damit angeben können, urteilte Heinrich über diese Sorte Reiter, von der er im Laufe seines Lebens übergenug kennengelernt hatte. Aber er wußte ganz gut, daß dieser Vorwurf für Ille nicht zutraf. Max hatte Segelflieger für sie gesattelt. In seiner Box wieherte Goldfasan, aber heute nahm Ille sich nicht einmal Zeit, ihn schnell zu begrüßen.

„Nun, schon wieder schlechte Laune?" äffte Heinrich sie nach. Ille warf ihm einen wütenden Blick zu. Sie prüfte nur schnell die Länge ihrer Steigbügel.

Von seiner Achselhöhle bis zu den Fingerspitzen muß ein Steigbügel reichen, wenn er für den Reiter die richtige Länge haben soll. Ille schwang sich leicht auf Segelfliegers Rücken und ritt aus dem Stall, kerzengerade, wie eine kleine Amazone. ‚Reiten kann das Balg', dachte Heinrich und blickte ihr nach. ‚Aber leiden kann ich sie trotzdem nicht, jeden Tag eine Tracht Prügel, das hätte ihr gefehlt.'

Außer Segelflieger waren noch sechs Pferde in der Bahn. Auf diesen sechsen saßen lauter junge Menschen. Dieter und Klaus waren auch dabei, und dann ein Mädchen, das fast schon erwachsen wirkte. Es war sehr elegant angezogen und machte eine hochmütige Miene.

„Tag, Jutta", sagte Ille, als sie neben der Hübschen hielt. Und im stillen fügte sie hinzu: ‚du eingebildete, dumme Pute! Meinst wohl, mit deiner todschicken Bluse könntest du verbergen, wie schlecht du reiten kannst.' Jutta und Ille waren Kusinen. Jutta war sechzehn und behandelte Ille, als wäre sie noch ein Säugling. Hasemann stand wieder in der Mitte der Bahn und kommandierte.

„Ganze Abteilung im Arbeitstempo terraab!" Die meisten Pferde setzten sich bereits in Trab, ohne erst abzuwarten, was ihre Reiter ihnen befehlen würden. Sie verstanden die Kommandos genauso gut wie jene — und manchmal früher. Beim Traben aber verlor die elegante Jutta einen Steigbügel. Sie rutschte daraufhin im Sattel nach links und verlor nun auch prompt den zweiten. Die Lage wurde brenzlig, denn sämtliche Pferde trabten immer noch, und Jutta war nicht imstande, das ihre in Schritt zu bringen. Sie sah gewiß sehr gut im Reitanzug aus, aber sie ritt miserabel. Schließlich kam ihr Herr Hasemann erfolgreich zu Hilfe, doch erst nach vielem gutem Zureden war sie zu bewegen, auch weiter an der Reitstunde teilzunehmen. Allerdings erklärte sie sich dazu erst bereit, nachdem Ille gegen ihre eigene Überzeugung ihrem Drängen nachgegeben und das Pferd mit ihr getauscht hatte. Ille ritt also jetzt den gutmütigen alten Baldur, Jutta aber den wesentlich temperamentvolleren Segelflieger. Eigentlich hatte sie sofort empört nach Hause gehen wollen, aber gerade noch rechtzeitig war ihr eingefallen, daß sie erst gestern im Tennisclub mit ihrer Reitkunst geprahlt hatte und daß ihre Tennisbekannten demnächst einmal hier zusehen wollten. Sie mußte also um jeden Preis üben.

Wenig später trug der Stallbursche Max Hindernisse in die Bahn, damit die Reitschüler zum Springen übergehen konnten. Er brachte die weißen Sprungbalken und eine rotgestrichene Mauer, die aber aus vielen Einzelteilen bestand. Man konnte ihre Höhe nach Wunsch verstellen, auch fiel sie sofort in sich zusammen, wenn ein Reiter an sie stieß. Bei Anfängern war es viel zu gefährlich, starre Hindernisse aufzustellen, über die Pferd und Reiter stürzen konnten.

Segelflieger spitzte die Ohren und scheute, als Max ihm mit der Mauer ein wenig zu nahe kam.

„Oh, ich glaube, ich springe heute nicht, mir ist schwindelig“, rief Jutta. „Den Schwindel kennt man“, lachte jemand, und alle ermunterten Jutta, doch ein bißchen mutiger zu sein und wieder mitzumachen. In diesem Augenblick betrat jemand die Reithalle, man hörte seine harten Schritte, aber man sah ihn noch nicht, da er hinter der hohen Bande entlang ging. Erst als er auf der Tribüne Platz nahm, erkannte man, daß es ein junger Herr war, der nun sehr höflich zu Jutta hinübergrüßte.

Jutta errötete und riß sich von dieser Sekunde an zusammen.

„Aha", machte Ille nur leise zu Klaus und Dieter hin.

„Ille übernimmt jetzt die Tete", kommandierte Hasemann, und Ille trieb sofort gehorsam ihr Pferd an die Spitze. Hasemann stellte sich seitlich neben das erste Hindernis. Ille lenkte nun langsam und mit losem Zügel ihren Baldur an dieses Hindernis heran: „Na, Alter, guck es dir nur an, da mußt du gleich drüber, das wirst du doch wohl schaffen, wie?" Hasemann lachte: „Ganz recht so, Ille, ein Pferd hat Seele und Verstand, und wenn man ihm zeigt, wie das Hindernis aussieht, das es nehmen soll, ist es dem Reiter dafür nur dankbar."

„Dann will ich es auch tun", meinte Jutta und ritt Segelflieger ebenfalls auf das Hindernis zu. Aber sie war viel weiter davon entfernt als Ille. Segelflieger mißverstand die Absicht wohl, als er sofort in Galopp überging, einen ordentlichen Anlauf nahm und, ohne auf seine Reiterin zu hören, über die erste Hürde setzte. Ille legte vor Schreck die Hand auf den Mund, denn fast hätte Jutta sie mitsamt Baldur über den Haufen gerannt. Im letzten Moment konnte Ille gerade noch ausweichen. Auch Hasemann sprang rasch zur Seite.

„Halt, halt!" schrie Jutta wieder und drohte schon wieder aus dem Sattel zu rutschen. Aber diesmal hatte das Schicksal noch Erbarmen. Segelflieger stand, schnaubend und enttäuscht, aber immerhin: er stand! Jutta setzte sich wieder so in den Sattel, wie man sitzen soll und schielte zu dem jungen Mann auf der Tribüne hinüber. Im Grunde war sie stolz, wie gut sie hinübergekommen war, und ihr Mut nahm zu.

Als erste nahm Ille mit Baldur die Hindernisse und vergaß zu Hasemanns Zufriedenheit auch nicht, ihn nach jedem Sprung zu loben und ihm den Hals zu klopfen.

Ein anderer Reiter aber hielt sich nicht an diese feine Reitersitte und ließ sein Pferd, nachdem es seine Sprünge absolviert hatte, ohne alle Umstände auf die anderen traben und mischte sich unter sie.

„Loben", rief Hasemann, „Kinder, vergeßt doch nicht immer, euer Pferd zu loben. Es freut sich darüber und gehorcht euch um so lieber. Ihr geht ja auch lieber zur Schule, wenn ihr hin und wieder ein Lob bekommt, nicht?"

Als letzte kam Jutta an die Reihe. Sie warf noch einen raschen Blick zu dem jungen Herrn auf der Tribüne hin, dann trabte sie an. Viel zu schnell ging sie dann schon in Galopp über.

„Langsamer, langsamer", rief Hasemann. „Sie wollen ja kein Rennen gewinnen, Jutta!" Aber Zureden half hier nicht mehr.

Segelflieger hatte wohl schlechte Laune — oder eigentlich besonders gute —, denn er wollte springen, und zwar ordentlich. Er riß die Nase nach vorn und erreichte, daß Jutta ihm sofort die Zügel nachließ. Doch hat ein Pferd sich vom Gebiß frei gemacht, so ist der Einfluß seines Reiters nur noch sehr gering. Es hebt die Nase, und kein Ziehen am Zügel tut ihm mehr weh. Segelflieger schnaubte erfreut und rannte mit wehender Mähne auf die erste Hürde zu.

„Dat jeht ins Ooje", murmelte Max, der aus Berlin stammte und das Berlinern nicht lassen konnte. Auch Ille ahnte Böses. Sie winkte rasch den anderen, ihr etwas mehr in die Mitte der Bahn hinein zu folgen. Denn wenn Segelflieger seinen Rappel bekam und mit einem Reiter, dem er es bieten konnte, durchging, so kannte er vorerst kein Halten. Sie muß es lernen, dachte Hasemann, der natürlich auch alles Kommende voraussah, aber eine seiner Erfahrungen hieß: Wir lernen nur aus den eigenen Fehlern. Alles Theoretisieren half hier nichts. Wenn Jutta nicht begriff, welche Hilfen sie zu geben hatte, mußte sie eben erleben, wie es ausging, wenn sie Hasemanns Lehren immer wieder in den Wind schlug.

Segelflieger nahm das erste Hindernis und nahm das zweite. Jutta blieb oben, kalkweiß im Gesicht, aber sie hatte vorschriftsmäßig beim Sprung ihre Hände rechts und links von Segelfliegers Mähne zu seinen Ohren hin rutschen lassen. Bis jetzt sah es so aus, als sei alles programmgemäß verlaufen. Der junge Mann auf der Tribüne nickte anerkennend. Vielleicht bemerkte Jutta es, vielleicht blieb sie deshalb oben. Aber nach dem zweiten Hindernis hatte Segelflieger immer noch Spaß am Springen. Er sprang nun auch noch über die zwei anderen Hürden, die Max inzwischen auf der gegenüberliegenden Seite aufgestellt hatte. Jutta saß immer noch oben, aber sie stieß einen ihrer kleinen Schreie aus, die fast in jeder Reitstunde zu Hasemanns Kummer von ihr ertönten. Vermutlich hätte sie auch wieder „Halt" gerufen, wenn sie noch Luft dazu gehabt hätte. So aber

öffnete sie nur die Lippen wie ein Fisch und mußte auf Segelfliegers Rücken auch die beiden ersten Hindernisse noch einmal nehmen. Das waren sechs Sprünge hintereinander — und das war für Jutta zuviel. Sie begann zu rutschen, doch es sah gefährlicher aus, als es war. Der junge Mann auf der Tribüne war aufgesprungen und reckte den Hals. Sein Gesicht war ein bißchen verzerrt, aber weniger aus Angst als aus Schadenfreude. ‚Jutta, die großartige Reiterin', dachte er vielleicht gerade, ‚da hängt sie nun wie ein Sack Zement.' Und im nächsten Augenblick plumpste dieser Sack Zement wieder einmal zu Boden. Segelflieger erschrak und keilte aus, aber gleich darauf ergriff Hasemann ihn beim Zügel, so, wie er auch vorhin bei Juttas Sturz Baldur zum Stehen gebracht hatte. Jutta schüttelte sich zum zweitenmal an diesem Tag Torf und Sägemehl aus den Locken und

klopfte an sich herum. Ihr erster Blick flog hinauf auf die kleine Tribüne, wo der junge Mann, dem sie hatte imponieren wollen, immer noch stand. Er schlug lautlos die Handflächen ineinander, was ja nun wirklich nicht sehr nett von ihm war. Bravo, bravo, sollte das bedeuten, auch die anderen sahen es. Ille wurde wütend. Obgleich sie selbst ja im allgemeinen nie ihr kleines, oft recht böses Mundwerk stillstehen ließ, empfand sie dieses Verhalten Jutta gegenüber doch als nicht gerechtfertigt und meinte, deren Partei ergreifen zu müssen. Sollte der da oben erst mal zeigen, ob er es besser konnte! Spotten war leicht, aber Bessermachen schwerer.

„Ich finde es unsportlich, jetzt zu lachen!" rief Ille deshalb so laut, daß der da oben zusammenschrak und sich sofort setzte.

„Segelflieger ist nicht leicht zu reiten, gerade beim Springen hat er schon manchen abgeworfen." Nun schätzte es Hasemann zwar gar nicht, wenn seine Schüler von den Rücken der Pferde hinab laute Reden führten, es gehöre sich nicht, meinte er, aber in diesem Fall schwieg er lächelnd. Ein guter Kern steckte in dieser drahtigen Ille, das mußte man anerkennen. Jeder wußte, daß sie ihre eitle Kusine Jutta nicht ausstehen konnte; aber wenn es um die Ehre des Sports und die Sache der Gerechtigkeit ging, verteidigte Ille auch diejenigen, die sie nicht mochte. Das war anständig, war fair, wie der Engländer das nannte. Jutta hinkte aus der Bahn, Segelflieger am Zügel hinter sich herziehend.

„Wenn Sie aufhören wollen, Jutta", rief Hasemann, „nehmen Sie doch bitte Baldur mit in den Stall zurück, ich glaube, Ille möchte lieber auf Segelflieger springen."

Jutta blieb stehen und kniff die Lippen zusammen, als die Jüngere nun gewandt von Baldur sprang und ebenso rasch auf Segelfliegers Rücken saß. Segelflieger blieb eisern stehen, für heute hatte er sich wohl ausgetobt und schien der Meinung zu sein, genug getan zu haben.

„Schade um deine wunderschöne, funkelnagelneue Bluse", flüsterte Ille der Kusine zu, denn die gewiß recht teure Bluse war zerrissen.

„Halt den Mund!“ zischte Jutta zurück.

Stefan hatte an diesem Nachmittag wirklich Schule. Im allgemeinen fand der Unterricht am Vormittag statt, aber in dieser Woche waren Handwerker in der Schule beschäftigt, deshalb wurde Stefans Klasse ausnahmsweise am Nachmittag unterrichtet. Immer wieder irrten seine Gedanken ab und suchten sich die Bilder in Herrn Hasemanns Reitschule zu vergegenwärtigen. Stefan wußte im Grunde genommen selbst nicht . . ., wäre er eigentlich heute hingegangen, wenn er frei gehabt hätte, oder nicht? Er hatte seiner Mutter die Grüße des alten Heinrich ausgerichtet, und seine Mutter hatte gesagt, daß sie sich sehr gut an seinen Namen erinnere. Der Großvater habe manchmal vom Heinrich erzählt, der ein sehr tüchtiger Reiter gewesen sei.

Aber immer, wenn Stefan an die Pferde dachte, dachte er auch an Ille. Sofort meinte er wieder, ihre spröde Stimme zu hören, wie sie ein wenig verächtlich gesagt hatte: „Du hast wohl Angst, Stefan? Ich kann Menschen, die feige sind, nicht leiden . . .“

Stefans Blick glitt an diesem Nachmittag in der Klasse immer wieder zu Ulli hin, der unter der Bank heimlich mit etwas Verbotenem beschäftigt war. Wahrscheinlich las er wieder einmal einen seiner Wildwestromane, die er über alles liebte. Und sicher kam Ulli sich gerade wieder als der Held vor, der alles, was sich ihm in den Weg stellte, niederknallte. Stefan wußte, daß Ulli sich niemals den Satz: „Du hast wohl Angst“, hätte gefallen lassen, auch nicht von einem dummen Mädel. Und er grübelte und grübelte und fand doch keinen Ausweg, wie er es der Ille hätte beweisen können, daß er nicht feige war.

‚Wenn ich doch Reitstunden nehmen dürfte', dachte Stefan wieder eimal und wußte doch zugleich, daß er sich diese Gedanken ein für allemal aus dem Kopf zu schlagen hatte.

„Wiederhole, was ich soeben gesagt habe — Wesenberg!" erklang da die Stimme Dr. Aumüllers. Stefan schrak zusammen. Keine Ahnung hatte er, was der Lehrer gerade besprochen hatte. Er wurde blaß vor Schreck.

„Guckt mal, der macht gleich in die Hosen", tuschelte Ulli dem hinter ihm Sitzenden zu und grinste zu Stefan hinüber.

„Hast du gut geschlafen, Stefan Wesenberg?" fragte Aumüller. Die anderen lachten schadenfroh.

„Nein . . . ich . . . ich habe . . ." Ulli grinste noch mehr. Stefan fühlte ganz genau, wie die anderen Jungen ihn in dieser Minute verachteten. Sogar die Knie zitterten ihm. Ulli schob seine Lektüre unter die Bank. Werner, Stefans Banknachbar, hatte Erbarmen und flüsterte ihm die lateinischen Sätze zu, die eben besprochen worden waren. Aber Stefan verstand ihn nicht. Gerade in Latein mußte er sich besondere Mühe geben, das wußte er, in Latein galt es, die Klasse einzuholen. Und ausgerechnet beim Aumü mußte ihm das passieren!

„Vielleicht hat er was Interessantes gelesen", tuschelte der lange Simon so laut, daß alle es hören konnten.

„Nein!" Stefan hob empört den Kopf, so etwas wie Ulli hätte er nie gewagt.

„Nun, sicher hast du an etwas sehr Wichtiges gedacht", sagte Aumüller geduldig. „Vielleicht erzählst du es uns, es könnte sein, daß ich Verständnis dafür aufbrächte." Stefan wurde es heiß und kalt. Dann riß er sich zusammen: „Ich habe an Pferde gedacht."

Wie ein Sturm brach nun das Gelächter in der Klasse los. An die Pferde, haha. Keiner verstand ihn. Ulli reckte sich und machte den anderen irgendwelche geheimnisvollen Zeichen. Sekundenkurz entdeckte Stefan ein Heft in Ullis Händen, ohne jedoch erkennen zu können, worum es sich handelte. Dann ging eine Bewegung durch die Bänke, die zwischen ihm und Ulli standen. Irgend etwas wurde heimlich unter den Pulten weitergereicht, bis zu Werner hin — und bis zu ihm. Und bevor noch Dr. Aumüller fragen konnte: „Wieso an die Pferde?" — machte es klatsch, und genau zu Stefans Füßen fiel etwas nieder. Papier raschelte. Stefan war nicht ausgekocht genug, um nun einfach ruhig stehenzubleiben. Er sah zu Boden und wollte sich gerade bücken. Da entdeckte er das Heft, mit dem sich gerade eben Ulli noch beschäftigt hatte und das die anderen nun ihm zugeschoben hatten. Jetzt sah er auch, daß es sich um irgendein Porno-Magazin handelte.

„Aha", machte Dr. Aumüller nur. „Na, zeig mal her, mein Sohn, hoffentlich war die Lektüre es wert, von dir dem Lateinunterricht vorgezogen zu werden."

Dann hielt er das recht deftige Magazin mit den mehr als gewagten Fotos hoch, und Stefan sah, wie eine große Enttäuschung über das Gesicht des Lehrers huschte. Er mußte ja glauben, daß Stefan ihn mit seiner Behauptung, gerade an Pferde gedacht zu haben, nun zu allem Überfluß auch noch belogen hatte. Stefan senkte den Kopf. Am liebsten hätte er gerufen: ‚Das Heft gehört ja gar nicht mir, das haben mir die anderen zugeschoben', aber das hätten sie ihm später als Gemeinheit ausgelegt, als feige Petzerei. So schwieg er. Dabei hatte er, im Gegensatz zu Ulli, den er wegen seiner Freudigkeit und Gewandtheit insgeheim bewunderte, nicht einmal gewußt, wie und wo er sich ein solches Heft hätte besorgen sollen.

Stefan schielte vorsichtig zu Ulli hin, der ihn erbarmungslos beobachtete. ‚Na, du Angsthase', hieß dieser Blick, ‚wirst du wirklich den Mund halten oder doch noch zu klatschen anfangen? Aber du weißt ja, was mit Petzern gemacht wird, nicht? Die werden verhauen, wenn nicht heute, dann morgen oder demnächst, wenn es mal dunkel ist. Oder wir können dich auch schneiden, keiner spricht dann ein Wort mit dir, wenn dir das lieber ist . . .'.

Stefan schwieg. Ein dicker Kloß saß ihm im Halse, er schluckte verzweifelt, um nicht weinen zu müssen. So gemein war der Ulli und blinzelte dem langen Simon verständnisinnig zu.

Dr. Aumüller sah Stefan recht enttäuscht an, nahm dann das Heft an sich und schob es in seine Mappe. Er zog sein Notizbuch, in das er sich während des Unterrichts zuweilen Notizen machte, und schrieb etwas hinein. Stefans Herz schlug heftig.

Du hast Angst . . . hatte Ille gesagt. Oh, wie recht sie alle hatten. Ja, ja, ja, er hatte Angst. Aus Angst vor dem Ulli hatte er die Lüge auf sich sitzenlassen. Er spürte plötzlich einen Haß auf diesen hartgesottenen, überlegenen Ulli, wie er ihn noch nie gegen einen anderen empfunden hatte. Einmal hingehen können und dem Ulli das zurückgeben, was er ihm angetan hatte! Einmal den Mut haben, diesen Ulli zu verdreschen! Aber Ulli war der Gewandtere, er war im Raufen geübt und blieb meistens Sieger. Trotzdem! Stefan spürte, wie ihm die Zunge ganz trocken wurde vor Zorn, wenn er auf den Blonden blickte. Einmal würde die Abrechnung kommen, einmal . . . Dann riß er sich zusammen und achtete nur mehr auf den Unterricht. Eine schlechte Note in Latein, das hätte noch gefehlt! Am Ende nahm ihn seine Muttter dann von der Schule, sah sich nach einer Lehrstelle für ihn um, und aus war es mit dem Traum, ein Arzt zu werden.

Am Schluß der Stunde war er der einzige aus der Klasse, der einen deutschen Satz richtig ins Lateinische übersetzen konnte. Selbst der Primus hatte diesmal versagt. Stefan war froh darüber. Alle guckten kurz zu ihm hin, und Dr. Aumüller nickte zufrieden, jedoch ohne die Spur eines freundlichen Lächelns.

Als die Schule aus war, strömten die Jungen laut lärmend ins Freie. Aber im Schulhof angekommen, hatten sie es alle nicht mehr so eilig. Um Ulli herum bildete sich eine Traube seiner Anhänger, die eifrig seinen Worten lauschte. Und diese Worte waren laut genug. Große Worte waren es.

Streber, Angeber, Feigling waren Ausdrücke, die häufig darin vorkamen. Auch Stefan vernahm sie. Er wußte genau, daß sie ihm galten, und er wußte auch, daß sie absichtlich so laut gesagt waren. Er sollte sie hören. Bis heute hatte er bei solchen Gelegenheiten getan, als sei er taub. Er war vorübergegangen, ohne sich umzuwenden. Meistens hatte er dann auf der Straße seine Schritte noch beschleunigt, um unbehelligt heimzukommen. Heute aber war es irgendwie anders. Er konnte den enttäuschten Blick Dr. Aumüllers nicht vergessen, als er ihm „seine" heimliche Lektüre abgenommen hatte. Und vielleicht wurde ihm heute zum erstenmal richtig bewußt, daß er wirklich allen Auseinandersetzungen immer aus dem Wege ging.

Gewiß, Stefan selbst hatte nie Vergnügen an Handgreiflichkeiten gefunden. Er blieb auch nie stehen, um schadenfroh zuzusehen, wenn zwei Jungen sich in zorniger Umstrickung am Boden wälzten. Aber heute, da juckte es ihn in den Fingern, diesem prahlenden Ulli einen Denkzettel zu versetzen. Du hast Angst, hatte Ille gesagt, und die Verachtung in ihrer spröden Stimme hatte sich wie ein Geschwür in Stefans Empfinden gefressen.

Heute blieb er stehen, als Ullis Schmähungen immer noch nicht aufhörten und die anderen Jungen spöttisch zu ihm hinblickten.

„Komm doch her, wenn du was willst", rief Stefan, so wie er schon andere Jungen hatte rufen hören. Und er wunderte sich, wie leicht das ging. Seine Stimme hatte nicht geschwankt. Sofort teilten sich die Freunde um Ulli herum und ließen eine Gasse für den Blonden frei.

„He?" rief Ulli verdutzt, „du klägliches Bleichgesicht wagst es, mich alten Krieger herauszufordern?" Ulli fühlte sich wieder als Indianerhäuptling. „Du Flasche, du . . ."

„Du kannst auch nur immer alles nachquatschen, was du gelesen hast", antwortete Stefan; „zu eigenen Ideen reicht es wohl nicht bei dir — du blöder Sitting Bull."

Die anderen waren starr. Oha, das würde einen heißen Kampf geben!

„Mal weg da!" schrie Ulli, krebsrot im Gesicht, und warf seine Schultasche in hohem Bogen zu Boden.

„Was fällt denn dir ein? Wohl 'ne Meise, wie?" Sie standen sich nun dicht gegenüber, die Todfeinde aus der siebten Klasse. Stefan spürte den heißen Atem seines vor Wut kochenden Widersachers im Gesicht. Aber er empfand keine Angst. Er stellte plötzlich fest, daß er sogar größer als Ulli war, mindestens drei Zentimeter größer, lächerlich, wovor hatte er sich denn eigentlich immer gefürchtet? Vor Ullis Fäusten? Pah, Fäuste besaß er selbst. Und schon schlug er mit ihnen zu. Es war ihm, als wäre es gar nicht seine eigene Hand gewesen, die dem anderen diesen Schlag vor die Brust versetzt hatte.

Ulli taumelte drei Schritte zurück. Der Schlag hatte ihm bestimmt nicht weh getan, aber er war so überraschend für ihn gekommen, daß er ihn nicht schnell genug erwiderte. Stefan sah plötzlich nur noch rote Funken. Sah die Grimassen, die Ulli ihm während dieses Tages immer wieder geschnitten hatte und hörte noch einmal all die beleidigenden Worte, die Ulli ihm im Laufe des Jahres zugeworfen hatte. Und als Stefan nun einen heftigen Tritt von Ulli gegen sein Schienbein zu spüren bekam, war es bei ihm mit seiner Beherrschung vorbei. Er dachte weder an seine Mutter, die kein Verständnis für Prügeleien hatte, noch daran, daß er gegen den Ulli eventuell der Unterlegene sein würde.

Stefan schlug zurück, und er prügelte sich so, wie Ulli sich alle paar Tage mal mit irgend jemand prügelte. Für den war das nichts Besonderes, für Stefan war es etwas Neues.

Ulli, der trotz allem sonst immerhin fair kämpfte, war heute kein anständiger Gegner. Er schlug rücksichtslos zu; ob er das Gesicht seines Herausforderers traf oder dessen Magen, war ihm egal.

Plötzlich tauchte in dem Dunkel, das in Stefans Kopf zu dröhnen begann, eine Erinnerung auf. Sie lag Jahre zurück, sie rührte aus dem Schwarzwalddorf her, wo zwei schon halbwüchsige Jungen gewohnt hatten, die sich nicht ausstehen konnten. Bei vielen Gelegenheiten hatten sie miteinander gerauft, und einer von ihnen hatte Stefan gegenüber einmal damit geprahlt, daß er einen bestimmten Kniff kenne, dem jeder Gegner erliege. Und er hatte Stefan diesen Kniff sehr ausführlich erklärt und genau gezeigt. Man mußte den anderen hinzuwerfen versuchen. Man konnte das sehr leicht erreichen, wenn man sich gegen seine Knie lehnte und ihn gleichzeitig hinter die Ferse trat, so daß sein Fuß nach vorn rutschte. Wenn man aber selbst schon am Boden lag, ging es noch viel einfacher, auch den anderen umzuwerfen. Dann brauchte man nur den einen Fuß hinter seine Ferse zu schieben und mit dem anderen gegen seine Knie zu drücken. Lag er aber erst, so hatte man bei einiger Geschicklichkeit schon gewonnen. Nun war schon alles egal, denn wenn Ulli nicht bald aufhören würde, auf Stefans Gesicht einzuschlagen, würde Stefan es sein, der sich verloren geben mußte. Stefan versuchte es also so zu machen, wie jener große Bengel es ihm seinerzeit beigebracht hatte. Er ließ sich einfach fallen, dadurch ging Ullis Schlag glatt in die Luft. Bevor er sich nun auf den am Boden Liegenden stürzen konnte, hatte Stefan bereits gehandelt. Mit den Füßen warf er Ulli um, es klappte, als sei es kinderleicht. Mit einem dumpfen Ton schlug Ulli der Länge nach hin. Und schon war Stefan über ihm und wälzte ihn auf den Bauch. Er riß Ullis linken Arm auf den Rücken, und sowie Ulli sich nun bewegen wollte, zerrte Stefan diesen Arm ein wenig nach oben. „Au", schrie Ulli und wagte sich nicht mehr zu rühren. Denn schon der leichteste Zug des zurückgewinkelten Armes verursachte Schmerzen. Stefan war selbst verblüfft über seinen Sieg. Das Grinsen, das auf den Gesichtern der Umstehenden erschienen war, als Stefan sich fallenlassen hatte, verschwand. Mit maßloser Verblüffung starrten sie auf ihren Helden Ulli, der keinen Versuch mehr machte aufzustehen. Der lange Simon begann zu zählen. Erst ein wenig ratlos und voller Furcht, ihr Anführer könne es ihnen übelnehmen, fielen dann auch die anderen allmählich, einer nach dem anderen, zögernd ein. Aber schließlich, ein Kampf war ein Kampf, und einer konnte immer nur siegen.

„Zehn", rief einer. Ulli hatte die Augen geschlossen und sein Gesicht im Gras versteckt.

„Du kannst ihn loslassen, du hast gewonnen", sagte der lange Simon und wandte Ulli den Rücken zu.

Stefan war sehr blaß, und sein Herz dröhnte wie eine Trommel. Aber er war sehr froh, endlich einmal nicht gekniffen zu haben und der handgreiflichen Auseinandersetzung nicht ausgewichen zu sein, sondern sich zum Kampf gestellt und obendrein noch gewonnen zu haben. Er bückte sich hastig nach seiner Mappe und ging eilig davon. Es gelüstete ihn nicht, den geschlagenen Feind noch einmal zu betrachten oder davonschleichen zu sehen. Er hörte nur den Ulli knurren: „Das macht er kein zweites Mal mit mir."

Mehrere Jungen schlossen sich Stefan an. „Wie hast du das nur gemacht?" fragten sie. „Einfach prima, das mußt du uns zeigen!"

„Wir hatten immer geglaubt, du hättest Angst!"

„Du hast fair gekämpft, Stefan!"

„Alle Achtung, Wesenberg, das hätte keiner von dir gedacht!"

„Dem Ulli geschieht es recht, bis jetzt war der lange Simon der einzige, der ihn besiegte."

„Er hat es ja auch wirklich immer darauf angelegt, dich zu reizen."

Stefan sagte nicht viel zu ihren Reden. Was hätte er auch antworten sollen? Daß er wirklich bis heute Angst gehabt hatte? Daß es ihm wirklich keine Freude machte zu raufen? Ja, daß er sich jetzt eigentlich über sich selbst wunderte und sich ziemlich elend fühlte? So glücklich fühlte er sich nämlich gar nicht mehr als Sieger, nachdem sich die erste Freude über seinen Sieg und das anfängliche Triumpfgefühl gelegt hatte. Im Traum und in seinen Vorstellungen war das immer viel schöner gewesen, wenn er zum Helden geworden war. Jetzt klebte ihm eigentlich nur ein schales Gefühl auf der Zunge. Einer der Jungen sagte: „Wisch dir mal das Blut von der Nase!" Stefan erschrak. Blut? Sie kamen gerade an einem Schaukasten vorüber, hinter dem ein Spiegel war. Stefan sah hinein, war das etwa er? Eine verschwollene Nase, dicke Lippen, an denen obendrein noch Blut klebte, das ihm wohl aus der Nase gelaufen war, und unter seinem einen Auge schimmerte es gelb.

„Das wird noch grün und blau", tröstete sein Banknachbar Werner sachverständig. „Eigentlich ist der Ulli ein Schwein, dauernd ins Gesicht zu boxen, nicht?" Die anderen nickten und halfen mit ihren zweifelhaft sauberen Taschentüchern, Stefan zu reinigen. Dann verabschiedeten sie sich vor der Eisenhandlung. Stefan spürte, daß ihr, „Auf Wiedersehen bis morgen" heute anders klang als all die Monate zuvor. Es schwang Respekt in ihren Stimmen, sogar Zuneigung.

Bloß prügeln muß man sich mal, dachte Stefan, als er — von Stufe zu Stufe langsamer — die Treppe zum ersten Stock hinaufstieg. Vom Flurfenster aus konnte man die Straßen übersehen. Und da entdeckte Stefan Herrn Dr. Aumüller, der ebenfalls gerade nach Hause ging. Ob der Aumü alles beobachtet hatte? Daran hatte Stefan überhaupt nicht mehr gedacht. Aber immerhin, er war in den Augen seiner Mitschüler kein Feigling mehr, er hatte es mit dem schlimmsten von ihnen aufgenommen! Ulli würde es so bald nicht mehr wagen, ihn zu hänseln.

Aber sonst, was hatte das Ganze sonst genützt? Hatte er dadurch etwa Dr. Aumüllers Wohlwollen zurückgewonnen, sich in seinen Augen rehabilitiert? Keine Spur, der glaubte bestimmt nach wie vor, er habe ihn belogen. Stefan seufzte ein wenig und betrat die Wohnung. Seine Mutter sah ihn erschrocken an.

„Was ist denn mit dir passiert? Hast du einen Unfall gehabt?" Sie starrte in sein entstelltes Gesicht.

Stefan war elend zumute. Am liebsten hätte er gerufen: ‚Ja, ich wäre beinahe von einem Auto überfahren worden!' Dann wäre er sicher, daß seine Mutter ihn streicheln, trösten würde, und irgendwie konnte er trotz seines Erfolges jetzt Trost gebrauchen. Aber wenn er die Wahrheit sagte, wußte er nicht, wie die Mutter reagierte.

Stefan wollte nicht lügen, heute nicht. Er sah seine Mutter offen an. „Nein, ich hatte keinen Unfall, ich habe mich mit einem Jungen geprügelt!"

„Du?" Frau Wesenberg sah ihn ungläubig an. So kannte sie ihren zurückhaltenden Sohn gar nicht. Sie konnte sich einen prügelnden Stefan kaum vorstellen.

Eine Weile sagte sie nichts, dann strich sie Stefan über das Haar und meinte: „Da hast du ja ganz schön was abbekommen. Es ist das beste, du wäschst dich erstmal ein bißchen und ziehst dir frische Sachen an." Als Stefan sich umwandte, rief sie ihm nach: „Wenn du fertig bist, kannst du mir noch Kartoffeln aus dem Keller holen!"

Stefan verzog sich erleichtert ins Bad. Er fand es gut, daß seine Mutter ihn jetzt in Ruhe ließ und nicht weiter fragte. Er machte sich in aller Ruhe frisch und zog sich um. Hunger hatte er inzwischen auch bekommen. Rasch holte er die Kartoffeln aus dem Keller und ging in die Küche, um zu sehen, was es zum Mittagessen geben würde.

Die Mutter lächelte ihm zu. „Jetzt siehst du wieder halbwegs normal aus", meinte sie. „Übrigens hat das Kind von den Bergs dich grüßen lassen, und du solltest bald mal wieder kommen."

„Wieso? War sie hier?"

„Nein, der Lehrjunge hat es ausgerichtet. Onkel Ernst hatte ihn doch zu von Bergs geschickt, um die Sporen abzuholen."

„So.“ Und es war Stefan, als hätte er sich ganz umsonst geschlagen, denn ohne wichtigen Grund würde er nicht versuchen, Ille wiederzusehen.

Heimliche Trainingsstunden

Vier Tage später hatte Stefan für den Onkel wieder einmal eine Besorgung erledigt. Sein Weg führte ihn in die Nähe von Hasemanns Reitinstitut. Gar zu gern wäre Stefan nun hingegangen und hätte den alten Heinrich begrüßt. Aber er wagte es nicht. Da hörte er plötzlich ganz in der Nähe schnelles Pferdegetrappel, und ein Apfelschimmel rannte allein mitten durch den Verkehr. Fast wäre er zwischen die Straßenbahn und ein Auto geraten, alle Fahrzeuge stoppten im letzten Augenblick. Das Tier war ohne Sattel und ohne Zaumzeug, es wirkte, als sei es einfach aus dem Stall davongelaufen.

‚Segelflieger!‘ dachte Stefan und atmete erleichtert auf, daß ihm mitten im Gewühl des Straßenverkehrs nichts geschehen war. Stefan überquerte schnell den Platz und lief auf den weißen Ausreißer zu, den gerade schon ein Schutzmann verfolgen wollte. Segelflieger schien selbst nicht mehr die geringste Freude an seinem Spaziergang zu haben, er stand wie verloren zwischen all den durcheinander redenden Menschen und hupenden Autos und senkte die Nase. Stefan ging völlig ruhig auf ihn zu: „Segelflieger, ja, aber was machst du denn hier so allein?“

„Ist das dein Pferd?“ fragte ein Herr.

„Nein, aber ich kenne es. Es ist Segelflieger von

der Reitschule dort hinten. Ich werde ihn hinbringen."

„Recht so", sagte der Verkehrsschutzmann, „und richte ihnen dort aus, sie möchten ihre Gäule ein bißchen besser anbinden." Da Segelflieger kein Halfter trug, überlegte Stefan kurz, wie er ihn dazu bewegen könnte, mit ihm zu kommen. Er klopfte dem Schimmel auf den Hals und sagte: „Komm." Segelflieger sah ihn mit seinen großen schönen Augen an, aber er kam nicht. Der Schutzmann lächelte, er war wohl mal bei der berittenen Polizei gewesen und erklärte Stefan nun, wie man ein Pferd ohne Zaumzeug so führt, daß es trotzdem meine, am Halfter zu gehen. „Du mußt ihm die rechte Hand in die Mähne hinter die Ohren legen und mit der linken Hand über die Pferdenase fassen.“ Stefan tat es, und Segelflieger folgte brav.

Erleichtert bestieg der Polizist wieder seine weiße Insel und regelte den Verkehr. Als Stefan mit seinem Pferd die Straße kreuzen mußte, hielt er sämtliche Fahrzeuge ein wenig länger zurück, und alle, die den Jungen marschieren sahen, lächelten.

Als Segelflieger seinen vertrauten Stall witterte, ging er ganz von allein. Der Ausflug in die laute Welt schien ihm nicht sehr gefallen zu haben. Stefan begleitete den Schimmel in den Stall und schloß die Tür seiner Box hinter ihm. Es kam ihm vor, als hätte er ein wunderbares Abenteuer überstanden. In diesem Augenblick hörte er Schritte über den Hof auf den Stall zukommen. Er hatte sich schon gewundert, hier niemanden vorzufinden. Der alte Heinrich erschien atemlos unter der Tür: „Gott sei Dank, da ist er ja“, rief er, als er Segelflieger friedlich fressend an seiner Krippe entdeckte, dann erkannte er Stefan: „Hast du ihn etwa gebracht?“

„Ja, ich fand ihn mitten im Gewühl an der großen Kreuzung.“

„Vielen Dank, Junge, das hätte schön etwas geben können!“ Heinrich zögerte ein paar Sekunden, dann fragte er langsam: „Sag mal, hat dich jemand gesehen, hier vom Haus, meine ich?“

„Nein, es war alles wie ausgestorben, als ich kam.“

„Herr Hasemann und Max sind auch weg. Ich hatte Wache, tja, und da war ich wohl eingeschlafen und hatte vergessen, Segelfliegers Tür zu schließen. Das hat man davon, wenn man die Pferde nicht an Ständer bindet, sondern jedem eine großartige Box gibt." Stefan schnupperte vorsichtig und stellte fest, daß Heinrich nach Bier oder Wein roch. Es konnte auch Schnaps sein, so genau kannte Stefan das nicht. Aha, nun verstand er, warum Segelflieger hatte spazierengehen können! Der Alte hüstelte verlegen: „Weischt, Bub", verfiel er in den heimatlichen Dialekt, „ich hab' halt a kleins Räuschle g'habt, und es wär' mir arg lieb, wenn'st niemand davon erzählen tätscht."

„Freili", versicherte Stefan und drückte des Alten Hand.

„Übrigens läßt meine Mutter Sie grüßen, sie hat sich noch genau an Ihren Namen erinnert."

„Ah, was du net sagscht!"

Stefan verschwieg, daß die Mutter hinzugefügt hatte, der Heinrich habe damals seine Braut sitzenlassen und sei auf und davon nach Amerika.

„Und das Krämer-Bäbele ist wirklich nicht verheiratet — und war auch nie verheiratet?" begann der alte Heinrich wieder.

Stefan konnte nicht verstehen, daß er mit soviel Interesse nach dem Bäbele fragte, das in seinen Augen doch eine alte Frau war. Aber schließlich, Heinrich war ja auch nicht mehr jung.

„Wie alt sind Sie eigentlich, Herr Heinrich?"

Heinrich wiegte den Kopf hin und her: „Warte mal, ja, einundsechzig genau. Ich muß immer erst nachrechnen — denn zum Geburtstag gratuliert mir längst niemand mehr." Das klang ein bißchen wehmütig, Stefan konnte das gut verstehen. Er wäre auch sehr traurig gewesen, wenn ihm niemand mehr zum Geburtstag gratuliert hätte. Einundsechzig, das kam Stefan natürlich uralt vor. Und deshalb sagte er: „Ich finde, Sie sollten wirklich einmal wieder nach Hause in den Schwarzwald fahren."

„Bevor ich sterb', wie?" lachte der Alte. „Aber hast recht, nur, ein ‚Zuhause' ist das auch nicht mehr für mich. Wer erwartet mich denn, wer kennt mich denn dort noch? Vielleicht leben meine Geschwister längst nicht mehr, und ihre Kinder haben kaum von mir gehört. Aber bitter ist's, hast schon recht, wenn man in meinem Alter nicht weiß, wohin man eigentlich gehört. Man wird müd', wenn man ein Leben lang herumzigeunert ist durch die Welt."

„Aber reisen, das ist doch wunderbar, ich möchte einmal weit herumkommen: China, Indien und Amerika möchte ich sehen."

„Ja, Bub, in deinem Alter macht das auch Spaß, aber sei erst mal über sechzig, und wenn du dann noch Rheumatismus dazu hast, denkst du nur noch an ein warmes Plätzle auf der Ofenbank."

„Die Ofenbänke im Schwarzwald sind auch so besonders gemütlich", sagte Stefan, „schade, daß man sie hier in der Stadt nicht kennt."

„Bub, Bub", murmelte der Heinrich und wischte an seinen Augen herum, „du hast mir mit deinem Erzählen direkt Heimweih gemacht. Dreißig Jahr' lang hab' ich's ausgehalten, und auf einmal ist's da. Das Saufen hab' ich direkt wieder angefangen — nur aus Heimweh nach dem Schwarzwald."

„Schreiben Sie doch wenigstens mal an Ihre Leut'", schlug Stefan vor, um den Alten abzulenken.

„Schreiben? O je, damit sieht's schlecht aus. Ich hab' meiner Lebtag nix vom Schreiben gehalten."

„Soll ich es für Sie tun? Ich tu's gern", rief Stefan

lebhaft. Der Alte sah ihn an, als hätte er ihm wunder was versprochen.

„Wennst magscht?“

„Ha jo, warum denn nit? Soll ich an Ihren Bruder schreiben?“

„Ich muß mal drüber schlafen“, meinte der Alte nun und strich Stefan scheu über den Kopf. „Kommst bald wieder — und gell, die Sach’ mit dem davongelaufenen Segelflieger, die bleibt unter uns?“

„Klar.“ Erst jetzt fiel es Stefan ein, daß er ja Zucker in der Tasche trug. Zucker für die Pferde. Segelflieger bekam das erste Stück, dann Baldur und der Rappe, der neben ihm stand. Nun wußte er, wie man ihnen den Zucker reichte, und er schreckte nicht mehr davor zurück, wenn eines der Pferde gar zu gierig danach langte. Auch der stolze Goldfasan sollte ein Stück bekommen. Stefan ging auf dessen Box zu und lockte ihn heran. Er kam auch, aber er wieherte nicht zur Begrüßung wie er das bei Ille getan hatte. Stefan klopfte dem schönen Tier den Hals, während es seinen Zucker zermalmte. Er wandte sich zu Heinrich um: „Was macht denn die Ille, Herr Heinrich?“

„Sag doch nicht immer Herr Heinrich zu mir, ich bin nur der Heinrich, fertig. Die Ille? Das Fräulein Wunderfitz? Oh, die macht’s gut, die hat gestern den Goldfasan reiten dürfen und kennt sich bald nicht mehr vor Stolz. Aber sieh, wenn man vom Teufel spricht, guckt er um die Ecke!“ Und wirklich, soeben betrat Ille durch die obere Tür den Stall. Aber sie war nicht allein, gleich hinter ihr kam ein großer schlanker Herr, der ebenfalls Reithosen trug. Beide steuerten direkt auf Goldfasans Box zu und erblickten sofort den Jungen.

„O Stefan", rief Ille, und es klang soviel ehrliche Freude aus ihrer Stimme, daß es dem Jungen ganz warm ums Herz wurde.

„Warum bist du nicht mehr zu uns gekommen? Ich habe jeden Tag gewartet."

„Ich konnte immer nicht, mal war Schule, mal mußte ich helfen . . ."

„Und daß du mir bei den gräßlichen Aufgaben helfen wolltest, hast du wohl vergessen?" Da lachte der Herr, der Stefan bis jetzt nur angesehen hatte. Stefan verbeugte sich.

„Das ist Stefan, Papi, ich hab' dir ja von ihm erzählt."

Herr von Berg gab ihm die Hand. „Aha, also du bist der Junge, der Angst vor Pferden hat?" Ille wurde blutrot und stieß ihren Vater heimlich an.

„Aber so schlimm war es doch nicht, Papi."

„Wie auch immer. Vor Pferden braucht doch niemand auch nur die geringste Angst zu haben. Es gibt doch keine besseren Freunde als sie." Illes Vater lachte. Stefan biß sich auf die Lippen. Was sollte er nur sagen? Oh, hätte sie ihn vorhin doch gesehen, als er Segelflieger ganz allein hierher geführt hatte, und das ohne Halfter! Aber darüber durfte er ja nicht sprechen. Nichts fiel ihm ein.

„Was hast du denn da unter dem Auge?" fragte Ille, „das ist ja ganz blau."

Da hatte Ullis Faust gesessen! Aber auch darüber konnte Stefan doch nicht reden. Er kam sich so dämlich vor wie seit langem nicht.

„Gestoßen", knurrte er nur kurz.

„Na, nimm es nicht so tragisch", rief Herr von Berg und klopfte Stefan auf die Schulter, „sicher hat unsere Ille wieder übertrieben, das tut sie nur allzugern. Als sie fünf Jahre alt war, waren ihr Pferde schon wichtiger als Puppen. Zu ihrem sechsten Geburtstag bekam sie ein Pony, man muß verstehen, wenn sie die Menschen nur nach ihrer Liebe zu Pferden beurteilt."

Inzwischen hatte Heinrich Goldfasan gesattelt, Herr von Berg nahm ihn ihm ab. Er prüfte noch einmal alle Gurte und schwang sich in den Sattel.

„Papi will ausreiten", erklärte Ille. „Mami ist verreist, und Goldfasan muß ja bewegt werden." Inzwischen waren noch drei Herren in den Stall gekommen und hatten ihre Pferde geholt. Sie ritten über den Hof ins Freie.

„Wohin reiten sie denn?" fragte Stefan, da Ille schon wieder kritisch sein blaues Auge betrachtete. Wenn sie nur nicht noch einmal fragte! Vier Tage lag seine Rauferei mit Ulli zurück, aber von Tag zu Tag erschien es ihm weniger großartig. Aber eins war immerhin erreicht — sie erkannten ihn jetzt in der Klasse an. Sie hänselten ihn nicht mehr. Und fast sah es so aus, als suche Ulli nun seine Freundschaft. Zwar hatten sie noch kein Wort miteinander gesprochen, aber als Stefan gestern seinen Zirkelkasten vergessen hatte, war Ulli aufgesprungen und hatte ihm seinen eigenen Zirkel geliehen.

„Sie reiten in den Stadtwald", erklärte Ille. „Sie brauchen nur durch die Allee, dann sind sie schon dort. Im Stadtwald gibt es noch mehrere Reitwege, ich bin dort auch schon geritten."

„Das denke ich mir sehr schön."

„Ist es auch, aber noch spannender ist es, eine Jagd mitzureiten."

„Eine Treibjagd meinst du?"

Ille lachte vergnügt: „Aber nein, doch keine Jagd, auf der geschossen wird. Eine Jagd in roten Fräcken, mit Fuchslosung, Meute und Halali. Hast du denn noch nie davon gehört?"

„Doch, doch, klar", machte Stefan und dachte zugleich unglücklich: ‚Meute, Fuchslosung, Halali. Was es doch nicht alles gab.' Ein Bild fiel ihm ein, das er einmal irgendwo gesehen hatte, da ritten Herren und Damen hinter einem her, der einen roten Frack trug, und darunter hatte ein englischer Text gestanden. „So wie in England", sagte er deshalb vorsichtig, und Ille nickte.

„Wo werden denn diese Jagden geritten?"

„Im Freien natürlich, über Weiden hinweg, Stoppelfelder, je nachdem. Man bringt die Pferde in Transportwagen an Ort und Stelle, aufregend ist das. Aber manchmal sind die Hunde dämlicher als erlaubt ist und verlaufen sich."

Die Hunde, das war wohl die Meute, auch auf dem englischen Bild waren sehr viele Hunde zu sehen gewesen. Ich werde Heinrich danach fragen, nahm Stefan sich vor.

„Schade", sagte Ille, „daß ich schon wieder gehen muß, aber ich wußte ja nicht, daß ich dich hier treffen würde. Wir haben nämlich Besuch zu Hause, und ich mußte versprechen, sofort zurückzukommen."

Heinrich hatte inzwischen Segelflieger aus seiner Box geholt und ihm die Beine abgewischt. Ille kraulte dem Pferd die Ohren, was es gern zu haben schien, und gab ihm eine Möhre.

„Der hat schon drei Stück Zucker von mir gekriegt", sagte Stefan. Ille lachte: „Hast du eine Ahnung, was der so im Laufe des Tages verdrücken kann."

„Ja, sie können einen arm fressen", nickte Max, der inzwischen auch gekommen war. Dann fügte er zu Stefan gewandt hinzu: „Führ mal den Segelflieger da hinten an den letzten Ständer, ich will seine Box auskehren."

Stefan ließ sich nichts anmerken und ergriff Segelflieger beim Kopf, so, wie es ihm heute der Polizist gezeigt hatte und wie er ihn durch die Straßen geführt hatte. Das Pferd folgte, als sei es von jeher schon an ihn gewöhnt. In Illes Gesicht stand ehrliche Anerkennung; ‚na, ganz so blöd, wie ich dachte, stellt er sich doch nicht an,' hieß das wohl. Aber dann huschte wieder der Schalk in ihre Augen: „Achtung, er schlägt dich!" rief sie und lachte hellauf, als Stefan wirklich einen Schritt zur Seite machte.

„Nun friß mich nur nicht gleich, Herr Salomon, wenn ich mal Spaß mache. Aber du scheinst inzwischen deine Ansichten geändert zu haben."

„Welche Ansichten?"

„Nun, daß Pferde wilde Tiere sind, fast so gefährlich wie Löwen."

Der Stallbursche grinste und kniff ein Auge zusammen. Aber der alte Heinrich stellte sich plötzlich an Stefans Seite.

„Was du deinem Vater über diesen Jungen erzählt hast, finde ich nicht nett. Jeder muß den Umgang mit Pferden erst einmal lernen. Ich möchte dich nicht erleben, wenn du plötzlich inmitten einer Herde wütender Gänse ständest — oder allein auf einer kahlen Weide einem Bullen gegenüber."

„Aber Pferde sind doch nicht bösartig."

„Das weiß einer ja nicht, der sie nicht kennt. Auch Gänse sind es nicht immer, auch Hunde nicht, und doch beißen sie zuweilen."

Ille wußte nicht recht, was sie auf diese Rede sagen sollte. Sie hob die kleine Nase: „Heinrich, du riechst schon wieder nach Schnaps!" und wandte ihm den Rücken zu.

„Wann kommst du wieder mal, Stefan?"

„Ich weiß es nicht. Wann reitest du denn wieder oder voltigierst?" Er hatte das ungewohnte Wort ohne Stottern herausgebracht.

„Übermorgen um vier, ja, komm doch! Hast du mal zu Hause gefragt, ob du mitmachen darfst? Aber du willst es ja wohl gar nicht ernsthaft." Da war wieder dieser spöttische Ton in ihrer Stimme, den Stefan nicht ausstehen konnte.

„Komm doch bitte", fügte Ille hinzu, und diesmal klang ihre Stimme weich und schmeichelnd. Sie konnte also auch anders sein, wenn sie wollte! Dann lief sie hinaus. Doch an der Stalltür drehte sie sich noch einmal um: „Tschüüs, Saaalomon!" Weg war sie.

„Die hält dich wirklich für einen Waschlappen", stellte Heinrich sachlich fest. Er sah dabei Stefan prüfend an, als müßte man es in dessen Gesicht lesen können, ob er ein Waschlappen war oder nicht.

„Ich möchte wirklich gern reiten", sagte Stefan deshalb, „aber Mutter spart jeden Pfennig für eine eigene Wohnung!"

„Sicher, das ist klar. Es ist deiner Mutter ohnehin hoch anzurechnen, und ich finde es gut, daß sie dich die höhere Schule besuchen läßt. Am Ende willst du auch noch studieren, wie? Denk mal, mit fünfzehn oder sechzehn könntest du schon in einer Lehre sein und dazuverdienen."

Stefan log nicht, wen er behauptete, gern reiten zu wollen. Das Zusehen hatte Spaß gemacht und den ehrlichen Wunsch in ihm geweckt, auch selbst zu reiten. Was die anderen alle gelernt hatten, Klaus, Dieter, die winzige Monika und die alberne Jutta, das würde er doch wohl auch noch begreifen! Einer, der den Ulli bezwungen hatte . . .!

„Hm", machte Heinrich und schob schon wieder seine Mütze in den Nacken, um sich ausgiebig am Kopf zu kratzen. Er schien dabei sehr heftig über etwas nachzudenken. Plötzlich wandte er sich Stefan zu. Da Max auch hinausgegangen war, waren sie mit den Pferden allein im Stall.

„Soll ich es dir beibringen, Bub?"

„Was?" Stefan war zu verblüfft, um den Zusammenhang gleich richtig zu verstehen.

„Ha no, das Reiten, was denn sonst?"

Stefan riß weit die Augen auf. „Mir? Das Reiten? Oh, das wäre herrlich — aber dürfen Sie denn das?" Stefan dachte an Herrn Hasemann, dem, wie er wußte, doch dieser Stall gehörte. Der alte Heinrich lachte: „Freilich, darf ich das. Wäre ja noch schöner. Meinscht, der Herr Hasemann hätte was dagegen? Im Gegenteil, der freut sich über jeden Buben, der Liebe zu den Pferden bekommt. Der kann dich sowieso gut leiden. Paß mal auf", — und Heinrich kniff Stefan in den Arm — „wir fangen gleich an! Jetzt sofort! Es paßt gerade gut, niemand wird uns stören." Er betrachtete ein wenig skeptisch Stefans kurze Cordsamthosen und seine nackten Beine.

„Für heute mag es so gehen, aber beim nächstenmal müssen wir was zum Anziehen für dich finden. Ich will mal oben in der Kammer nachsehen, ich glaube, da liegt so allerhand herum, was keinem mehr gehört. Vergessene Reithosen und vielleicht auch noch ein paar Stiefel. Komm, lang mal den Sattel da vom Haken und führ Baldur hinaus."

Stefan tat es. Er versuchte sogar, ohne mit der Wimper zu zucken, Baldur aufzuzäumen. Damals, als Ille es tat, hatte er ja so genau aufgepaßt. Fast wäre es ihm auch gelungen. Aber als Baldur die Trense schon zwischen den Zähnen hatte, schob er sie mit der Zunge wieder hinaus und machte nun um keinen Preis die Zähne mehr auseinander.

„Baldur macht die Schnauze nicht auf, Heinrich."

„Das Maul, meinst du wohl. Ein Pferd hat ein Maul und keine Schnauze, Stefan." Heinrich drückte Baldur kräftig mit zwei Fingern von der Seite her die Zunge hinab. Der rollte ein wenig mit den Augen und schüttelte den Kopf, aber das war nur Spiel. So, das nächste Mal wollte Stefan es allein schaffen. Dann legte er Baldur noch den Sattel auf und schnallte den Gurt zu.

„Fester", sagte Heinrich, „dem Pferd tut es nicht weh, du brauchst nicht gar so vorsichtig mit ihm umzugehen, aber wenn der Sattelgurt zu locker ist, rutschst du ab." Dann maß Stefan noch die Länge der Steigbügel ab — auch das hatte er Ille abgeguckt — und blickte nun erwartungsvoll auf Heinrich.

„Du weißt ja schon recht gut Bescheid, am Ende kannst du doch schon reiten, wie?"

„Nein, kein bißchen — nur runterfallen."

Und wie hatte er doch erst neulich geprahlt! Es kam Stefan so vor, als habe sich seit kurzem für ihn die ganze Welt verwandelt. Aber sie war viel schöner geworden.

„Aufsitzen", sagte Heinrich, und Stefan saß auf. Heinrich nahm Baldur am Zügel und führte ihn zum Stall hinaus und über den Hof. Stefan erinnerte sich an seinen ersten Ritt, der so ruhmlos geendet hatte. Diesmal machte Baldur keine Anstalten zu bocken. Diesmal hieb ihm aber auch niemand die Absätze mit aller Wucht in die Seiten!

„So, Stefan, nun reite mal schön im Schritt immer hinter mir her." Heinrich langte sich in der Reithalle eine von Hasemanns langen Peitschen und stellte sich dann in der Mitte der Bahn auf.

„Reite im Schritt immer um mich herum — bißchen größer den Kreis — auf dem Zirkel reiten nennt man das. Sitz gerade, schieb das Gesäß nach vorn und laß die Fußspitzen niemals hängen, die müssen nach oben weisen. Schön die Knie anlegen, gut so. Und nun zeig' ich dir, wie man die Zügel hält." Stefan war ein aufmerksamer Schüler. Kein Wort entging ihm, nur halb soviel Aufmerksamkeit in der Schule hätte ihn sicher neben den Primus gebracht! Heinrich schien mit seinem Sitz zufrieden zu sein. Stefan hatte damals, als die Kinder ritten, alles genau beobachtet und sich Hasemanns Anordnungen gemerkt. Er hatte sie sogar zu Hause in ein altes Notizbuch geschrieben! Er wußte nun schon, worauf es ankam und gab sich größte Mühe. Nicht zuletzt Heinrichs wegen.

„Nun wollen wir mal traben."

Baldur, der alte Reitsaalgaul, hörte nur das ihm seit vielen Jahren bekannte Wort „traben" und setzte sich sofort in Bewegung. Hin und her warf er nun seinen Reiter, und Stefan, der eben noch gedacht hatte, ‚Reiten sei wirklich leicht zu lernen', begann schon wieder zu rutschen.

„Willst du wohl aufrecht sitzen!" brüllte Heinrich da. „Was hab' ich gesagt? Gewicht nach hinten. Donnerwetter, du bist doch kein Taschenmesser, das man zusammenklappen kann! Beine fest ran, Fußspitzen hoch, Hüften vor, na also, geht ja schon besser." Das war ein etwas rauherer Ton als Hasemann ihn seinen Schülern gegenüber anwandte, aber Stefan freute sich daher doppelt über jedes Lob. Er riß sich gewaltig zusammen.

„Eins zwei, eins zwei", zählte Heinrich und kontrollierte genau jede seiner Bewegungen. Nichts entging ihm. „Fußspitzen, Himmelherr . . ., na, warum denn nicht gleich?"

Einmal noch geriet Stefan ins Rutschen, aber sofort erinnerte er sich an Heinrichs Worte und kam dadurch wieder in die richtige Haltung. Es stimmte, man mußte nur energisch wollen und nie nachgeben. Baldur lief wie ein Ührchen immer brav auf dem Zirkel. Das Lederzeug knirschte, und die Trense klirrte manchmal leise zwischen seinen Zähnen. Trab, trab, trab, Stefan saß von Minute zu Minute schon sicherer. Heinrich ließ ihn fast eine halbe Stunde lang nur traben, rechts herum und links herum und quer durch die ganze Bahn. Trab, trab, trab, Stefans Wangen glühten, er fand es herrlich so.

„Zum Schluß wollen wir noch einen kleinen Galopp versuchen", rief Heinrich. Galopp! Baldur spitzte die Ohren und verlangsamte sein Tempo.

„Nix da . . . Terrrab", schimpfte Heinrich. „Baldur ist doch der reinste Zirkusgaul geworden." Er lachte, aber Stefan lachte nicht mit. Galopp, du liebe Güte, da würde er herunterfallen, ganz bestimmt.

„Beim Galopp, Stefan, mußt du das Gewicht nach hinten verlagern und mit einem kräftigen Schenkeldruck dem Pferd zu verstehen geben, was du von ihm willst." Stefan versuchte es, aber Baldur war wohl anderer Meinung, vielleicht hatte er auch genug. Er schüttelte sich und schnaubte. Das klang unzufrieden, als wollte das alte Pferd sagen: So nicht, mein Lieber, da wird ja kein Pferd daraus schlau!

„Im Arbeitstempo . . . Gaaalopp!" rief Heinrich und wedelte ein wenig mit der Peitsche. Da ging es. Baldur blieb sekundenlang stehen und galoppierte dann friedlich an. Und das, was Stefan heimlich gefürchtet hatte, erwies sich als etwas Wunderschönes. Da saß man ja wie in einer Wiege und wurde sanft rauf- und runtergeschaukelt! Stefan strahlte. Und vor lauter Begeisterung dachte er nicht mehr daran, daß Heinrich gesagt hatte: Nie den Knieschluß vergessen! Das hieß, nie die Beine einfach rechts und links vom Pferd herabbaumeln lassen. Und nun ließ er sie doch baumeln! In diesem Augenblick stolperte Baldur. Oder vielleicht stolperte er gar nicht einmal richtig, sondern tat nur so. Vielleicht wollte er seinem allzu siegesgewissen Reiterlehrling eine Lektion erteilen, jedenfalls stoppte er plötzlich, und mit der sanften Schaukelei war es zu Ende. Stefan wurde wieder zum Taschenmesser, er kippte so tief nach vorn, daß er fast mit der Nase auf Baldurs Mähne stieß. Das einzige, was Stefan noch denken konnte, waren Hasemanns Worte: ‚. . . niemals beim Sturz die Zügel loslassen!' Und Stefan ließ sie nicht los, auch nicht, als er schon auf dem Boden saß! Baldur blieb sofort stehen und sah sich vorwurfsvoll nach ihm um. Heinrich lachte ihn an: „Donnerwetter, Stefan, du bist der erste Anfänger, der beim Sturz die Zügel festhielt. Bravo — und ich habe vielen Anfängern das Reiten beigebracht im Laufe meines Lebens, das kannst du mir glauben!“ Auch Stefan lachte.

„Für die erste Stunde war es ausgezeichnet. Besser am Anfang runterfallen, als sich um jeden Preis wie ein Affe festklammern. Du bist fürs Reiten begabt, Junge, das freut mich.“

Stefan wäre seinem neuen Freund am liebsten beseligt um den Hals gefallen. Er stammelte ein paar Worte des Dankes und wußte, daß Heinrich ihn verstehen würde.

„Wann hast du wieder Zeit, Stefan? Am besten paßt es immer so um diese Stunde herum, da ist meistens keiner in der Bahn — denn es soll doch keiner wissen, was wir zwei miteinander aushecken, wie?“

Stefan nickte. Nein, keiner sollte es wissen, niemand sollte ihn sehen — bis er reiten konnte, bis er es wagen durfte, seine Behauptung: „Ich kann reiten“, zu wiederholen.

„Bring Baldur nach unten und füll ihm den Wassereimer“, sagte Heinrich noch und verließ die Bahn dann einfach durch eine kleine Seitentür. Da stand Stefan nun, hielt Baldur am Zügel und wußte nicht recht, sollte er noch einmal aufsitzen und zum Stall hinausreiten oder sollte er das Pferd am Zügel dorthin führen? Aufsitzen! befahl er sich energisch, obgleich sein Herz schon wieder heftig schlug. Es kam ihm vor, als sei er mit dem Pferd völlig allein auf der Welt. Er konnte ja nicht ahnen, daß sich in der Tür, durch die Heinrich verschwunden war, ein kleines Loch befand, durch das der Alte ihn nun genau beobachtete. Und Heinrich nickte sehr zufrieden, als Stefan Baldurs Zügel kurz faßte und so in die linke Hand nahm, wie Heinrich ihm das gezeigt hatte. Mit einem Schwung war er im Sattel und setzte sich zurecht. Baldur marschierte sofort in Richtung auf den Stall zu.

„Brr", machte Stefan, denn er hatte seine Steigbügel noch nicht erwischt. Dann wurde er rot. Brrr hatte er laut gesagt! Gut, daß niemand außer Baldur es gehört hatte! Kein Reiter sagt brrr. Aber auch Baldur schien es überhört zu haben. Er blieb keineswegs stehen. Stefan ergab sich in sein Schicksal, legte die Schenkel fest an und ritt im Schritt, ohne die Steigbügel noch länger zu suchen. Es ging auch so. Im Stall angekommen, sprang er ab, und es war das erste Mal, daß er richtig absprang! Bisher war er ja immer unfreiwillig vom Pferderücken heruntergekommen! Er schnallte Baldurs Gurt auf und zerrte den schweren Sattel herab. Dann nahm er dem Pferd auch den Zaum ab und hängte alles an seinen Platz. Baldur trottete vor seine Box und wartete dort, denn die Tür war zu. Diese Tür ging aber nach außen auf.

„Geh mal zur Seite", sagte Stefan, „damit ich dir aufmachen kann." Aber das begriff Baldur natürlich nicht. Er wollte hinein, wollte an seine Krippe und nicht wieder von der Tür fortgeschoben werden.

„So kann ich doch nicht öffnen", sagte Stefan ein wenig kleinlaut, denn Baldur legte nun die Ohren an und zeigte die Zähne.

Das war nur ein kleines Theater, das er zuweilen aufführte, aber Stefan fiel darauf herein.

„So kommst du doch nie an deine Krippe, sei doch vernünftig!“ Aber Baldur hielt im Augenblick nichts von Vernunft, er hielt nur etwas vom Fressen. Er stieß einige Male mit dem Huf gegen die Tür. Was sollte man da tun? Stefan überlegte. Er konnte das Pferd doch nicht einfach hier mitten im Stall stehenlassen und davongehen? Zu dumm, daß er Baldurs Box nicht geöffnet hatte, bevor er ihn abzäumte. In Zukunft würde er Bescheid wissen und das vorher tun.

Leise begann Stefan zu rufen: „Heinrich! Max!“ Aber niemand antwortete. Er versuchte es noch einmal. Da antwortete ihm aus irgendeiner Box ein Pferd. Hihihi, machte es, und sogleich fiel ein zweites ein: hihihi. Ihr Wiehern war bestimmt weithin zu hören. Auch die anderen Gäule wurden unruhig. Es war wie daheim im Kuhstall. Wenn ein Fremder ihn betrat, wandten sich alle Kühe nach ihm um und muhten. Baldur wurde es nun zu dumm, Hunger macht ungeduldig. Er wandte sich um und schlug mit den Hinterbeinen heftig gegen die versperrte Tür. ‚Sicher hat er auch Durst‘, dachte Stefan, da Heinrich ihm doch ausdrücklich aufgetragen hatte, Baldurs Wassereimer zu füllen. Doch wie sollte er an diesen Eimer kommen, der hinter der Tür stand, die er nicht öffnen konnte? Na, wie kommt ein Junge an solche Dinge? Ganz einfach, er klettert hinüber! So kletterte also auch Stefan in die Box hinein und mit dem Eimer wieder heraus. Dann füllte er ihn am Hahn mit Wasser und stellte ihn zwei Meter von Baldurs Box entfernt auf den Boden.

Baldur wandte sich um und trottete auf seinen Eimer zu. Stefan atmete auf, das war geschafft. Wenn auch nicht gerade glänzend. Gut, daß es niemand gesehen hatte. Da hörte er Heinrichs Schritte über den Hof nahen. Schnell öffnete er Baldurs Box, ergriff zum zweitenmal den Eimer und stellte ihn wieder an seinen richtigen Platz. Wie ein Lämmlein trottete Baldur ihm nach, und bis Heinrich in den Stall kam, war alles in schönster Ordnung. Vergnügt und mit sich und der Welt zufrieden ging Stefan heute nach Hause.

Einige Tage später sprang Ille beim Voltigieren ungeschickt ab und verknackste sich den Fuß. Denselben Fuß, den sie im Winter beim Skilaufen schon einmal umgeknickt hatte. Erst hatte man angenommen, er sei gebrochen, aber dann stellte sich heraus, daß es nur eine etwas komplizierte Verstauchung war. Doch mit dem Reiten war fürs erste Schluß. „Es ist besser, du setzt vier Wochen aus", sagte der Arzt.

Nach drei Wochen begann Ille zu maulen und behauptete, überhaupt keinen Schmerz mehr in dem dummen Fuß zu verspüren. Aber dann knickte sie auf der Treppe um und mußte noch eine weitere Woche ruhen. Für die lebhafte Ille war das eine schreckliche Sache. Sie telefonierte in diesen Wochen rundum sämtliche Freundinnen und Mitschülerinen an, lud sie zu sich ein und ließ sich von ihnen die Zeit vertreiben.

Sie hatte auch Stefan angerufen. Da sein Onkel am Apparat gewesen war, hatte sie ihm bestellen lassen, er würde am nächsten Tag von ihren Eltern erwartet. Und Stefan kam. Er radelte direkt von der Reitstunde bei Heinrich zu den von Bergs. Dadurch, daß Ille in dieser Zeit das Hasemannsche Institut nicht betreten konnte, hatte Stefan ziemlich oft reiten können. Und von Mal zu Mal hatte es ihm größere Freude gemacht. Aber er verriet sich mit keinem Wort.

„Bist du noch manchmal im Stall gewesen, Stefan? Du riechst so ein bißchen nach Pferden, weißt du?"

Illes Nase war nicht zu täuschen. Stefan nickte und behauptete, Heinrich ein wenig geholfen zu haben.

„Es ist ein Jammer, daß du nicht reiten darfst."

Stefan biß hingegeben in sein Kuchenstück. Er erzählte, daß die Minka ein Fohlen erwarte, es könne schon in der nächsten Woche auf die Welt kommen.

„Oh", Ille spannte sich. „Ein Fohlen, wie schön, ich habe so ein ganz junges Fohlen noch nie gesehen. Du schon?"

„Ja, zu Hause."

„Hm", machte die Ille, als wäre sie nicht ganz davon überzeugt.

Ein neugieriges Mädchen

Heute war ein Regentag. Ille stand am Fenster ihres hellen Zimmers und blickte trübsinnig hinaus. Auch Wuppi, der schwarze Pudel, hatte schlechte Laune. Bei Regenwetter ließ man ihn nie richtig hinaus, und dabei war er überhaupt nicht wasserscheu. Aber da er an den Beinen und unterm Bauch ziemlich lange Haare hatte, Lockenhaare dazu, wurde er immer schnell schmutzig. Frau von Berg wollte nicht, daß er in solchem Zustand über die Teppiche lief oder gar auf Sessel sprang. Bei Regenwetter mußte er nach jedem Ausgang so lange in der Küche bleiben, bis er ganz getrocknet war und das Mädchen ihn sauber gebürstet hatte. „Langweilig, Wuppi, nicht? Erst vier Wochen nicht reiten können, und nun gießt es auch noch drei Stunden lang an einem Stück.“ Wuppi wedelte höflichkeitshalber mit dem Schwänzchen, aber er stand nicht einmal auf.

„Der Stefan ist auch nicht mehr gekommen, aber bei solchem Mistwetter hätte er doch sicher Zeit?“ maulte Ille weiter. Sie starrte weiterhin aus dem Fenster. Sie hatte eine Idee, die gut nach allen Seiten hin überlegt sein wollte. Hasemann hatte Sorgen, Geldsorgen natürlich, denn es war heutzutage nicht leicht, einen Reitstall existenzfähig zu erhalten. Die meisten Menschen hielten das Reiten für Luxus und glaubten, daß sich diesen Sport nur ganz reiche Leute leisten konnten. Dabei ging es Herrn Hasemann gar nicht einmal um diese reichen Leute, sondern sein großer Wunsch war, die Jugend wieder am Reiten zu interessieren und sie für Pferde zu begeistern. Am liebsten hätte er alle Jungen, die einmal zum Zugucken in seine Schule kamen, umsonst unterrichtet. Aber das ging natürlich nicht. Pferde und ihre Pflege kosteten Geld. In der letzten Woche war Segelflieger krank gewesen, und der Tierarzt hatte ihm viele teure Spritzen geben müssen. Und Baldur wurde auch allmählich zu alt, um noch mehrere Stunden an einem Tag in der Bahn zu gehen. Wenn Hasemann nicht die sechs bei ihm untergestellten Privatpferde gehabt hätte, zu denen ja auch Goldfasan und Direktor Brandts Minka gehörten, hätte er seinen Stall wohl längst wieder schließen müssen.

Nun hatten einige Herren beschlossen, dem alten Herrn zu helfen, dessen ganze Liebe und Leidenschaft dem Reitsport galt und der es sich zur Aufgabe gemacht hatte, seine Begeisterung für den Umgang mit Pferden auch anderen mitzuteilen. Es waren natürlich alles Herren, die selbst Reiter und Pferdefreunde waren. Sie hatten nach langem Hin und Her herausgefunden, daß Hasemann am besten mit neuen Schülern geholfen sei. Und so hatten sie sich geeinigt, ein Jahr lang eine Reitausbildung von sechs Jugendlichen zu bezahlen. Die Auswahl wollten sie Hasemann überlassen. Und wenn er nicht sechs geeignete Schüler kennen sollte, wollten sie sich an einen ihnen bekannten Lehrer wenden und ihn bitten, unter seinen Schülern einige zu benennen. Sie hofften, daß auf diese Weise dann auch andere Jungen, Freunde der Reiter, Interesse an diesem Sport gewännen.

Von diesem hochherzigen Plan also wußte Ille. Und seitdem dachte sie wieder dauernd an Stefan. Ihrer Meinung nach war Stefan so ein Junge, der für diese Stiftung in Frage kam. Er schien doch wirklich eine Neigung zu Pferden gefaßt zu haben. Dreimal in den letzten Wochen hatte ihre Mutter ihn im Stall angetroffen, während er dem alten Heinrich behilflich war. Er hatte sogar einmal den Goldfasan gestriegelt, als sie zufällig dazugekommen war.

Vielleicht tut er das alles nur mir zuliebe, dachte Ille zuweilen, vielleicht will er mir zeigen, daß er wirklich keine Angst vor Pferden hat? Sie griff nach ihrem Wuppi und setzte ihn auf die Fensterbank. „Regnet doch schon viel weniger, nicht?" Wuppi gähnte. „Halt die Hand vor den Mund", sagte Ille. Dann gähnte auch sie. Und Wuppi hätte allen Grund gehabt, ebenfalls zu sagen: Halt die Hand davor!

„Ob Minka schon ihr Fohlen hat? Ich bin ja sooooo darauf gespannt." Die Fohlen, die Ille bisher gesehen und gestreichelt hatte, waren alle schon einige Monate alt gewesen.

‚Ich werde in den Stall radeln und nachsehen', beschloß sie plötzlich. Sie ging hinunter, um ihren Regenmantel zu holen. Die vier Wochen Hausarrest waren herum, und sie war es satt, ständig „eingesperrt" zu sein. So jedenfalls kam ihr das unfreiwillige Gebundensein ans Haus vor. Wuppi schlich leise hinter ihr her. Vor den Fenstern wurde es sichtlich heller.

„Wo willst du hin?" rief Frau von Berg, die gerade ihre Kakteen begossen hatte.

„In den Stall, fragen, ob Minka schon ihr Kleines hat."

„Bei dem Regen? Das ist doch Unsinn."

„In zehn Minuten scheint die Sonne — wetten?"

„Abwarten. Morgen nehme ich dich im Wagen mit."

„Aber wenn Minka nun schon heute . . ., ich möchte es doch so gern sehen, wenn es noch ganz neu ist."

„Das ist auch einen Tag später nicht größer. Ruf doch bei Hasemann an, wenn du es gar nicht mehr erwarten kannst."

Natürlich, das war eine Lösung, an die Ille nicht gedacht hatte. Sie ging ans Telefon und wählte die Nummer der Reitschule. Erst meldete sich lange niemand, dann erklang eine frische Jungenstimme: „Hier Reitschule Hasemann."

„Hier Ille von Berg, wer spricht denn da?"

„Dreimal darfst du raten."

„Stefan, du Scheusal! Warum kommst du nicht her?"

„Ich wäre noch gekommen, schon allein, um dir zu erzählen, daß Minka gestern nacht ihr Fohlen bekommen hat, ganz schwarz ist es, ein Hengstfohlen, ganz große Klasse."

„Oh", rief Ille, „ich muß es sehen, du, ich komme sofort. Mit dir wollte ich sowieso noch was besprechen." Und bevor Frau von Berg noch etwas einwenden konnte, war Ille draußen. Und Wuppi mit ihr.

„Du mußt hierbleiben, du weißt, daß du nicht in den Stall darfst, du bellst die Pferde immer an, das mögen sie nicht." Aber Ille nahm sich nicht mehr die Zeit, den Hund wieder ins Haus zu sperren, mochte er im Garten herumlaufen, eingesperrt sein war furchtbar.

Wuppi kehrte ergeben um. Im Garten gefiel es ihm nicht einmal schlecht. Er beschnupperte einen langen Regenwurm, der gerade über den Weg kroch, und hüpfte jedesmal, wenn der Wurm sich bewegte, einen Schritt zurück. Ille radelte los. Ihr Fuß war fest bandagiert, was sollte ihr schon passieren? Währenddessen begann Wuppi mit großer Begeisterung das Spätrosenbeet durchzuwühlen. Vielleicht suchte er nach weiteren Regenwürmern darin. Noch nie war ihm die Erde so schön feucht und dampfend warm erschienen. Tief bohrte er seine schwarze Nase hinein und warf die feuchten Klumpen nach rechts und links. Bald sah der ganze Wuppi selbst wie ein Ballen nasser Erde aus, und sein Schwänzchen bibberte aufgeregt vor Vergnügen.

Aber dem Rosenbeet bekam seine Freude weit weniger gut.

Im Stall, vor Minkas Box, standen Herr Hasemann, dann Minkas Besitzer, Direktor Brandt, und

der Tierarzt. Sie alle betrachteten lächelnd das kleine junge Pferd, das sich alle Mühe gab, auf seinen staksigen, gespreizten Beinen nicht das Gleichgewicht zu verlieren. Mutter Minka leckte stolz ihr hübsches Kind, das vorerst nur aus Kopf und viel zu langen Beinen zu bestehen schien.

„Oh, ist das süß", rief Ille, „und Augen hat es wie Bambi!" Ja wirklich, es hatte die sanften, großen und erstaunten Augen, die jedes Kind vom Filmrehchen Bambi her kennt.

„Sollten wir es nicht Bambi nennen?" lächelte der Besitzer Minkas, „einen Namen hat es ja noch nicht."

„Aber es ist doch schwarz", rief Ille, „ein Pferd, das Bambi heißt, müßte doch rehbraun sein, so wie Minka."

„Auch das Kleine wird wie seine Mutter werden, warte nur ab, in ein paar Monaten ist sein Fellchen schon heller", sagte Herr Hasemann.

„Wirklich?"

„Aber ja. Du kennst doch sicher die Lipizzaner Schimmel, diese großen schönen Tiere, die die spanische Reitschule in Wien heute noch verwendet? Schneeweiß, ohne das kleinste dunklere Fleckchen im Fell sind diese Schimmel — und sind doch schwarz, wenn sie zur Welt kommen! Unglaublich, wie?"

„Ja, wirklich." Ille staunte. Und auch Stefan, der plötzlich neben ihr stand, hob verwundert den Kopf.

„Wie lange dauert das denn, bis sie weiß sind?" fragte er.

„Einige Jahre. Manchmal sind sie bis zu ihrem zehnten Jahr noch wie Apfelschimmel gesprenkelt."

Wieder betrachteten alle das kleine Fohlen. Ille war vorsichtig vor ihm niedergekniet und rührte sich nun nicht. Minka, die ja Ille kannte, wie alle anderen Pferde im Stall sie kannten, ließ das Mädchen gewähren. Stefan wunderte sich im stillen, wie ruhig sich die sonst so zappelige Ille benehmen konnte.

„Na, komm doch, du Kleines, komm Bambichen", lockte Ille leise und schnalzte zart mit den Lippen. Das Fohlen, das erst zurückgewichen war und bei seiner Mutter Schutz gesucht hatte, wagte sich nun wieder näher heran. Es senkte den schmalen Kopf und beschnupperte das Kind. Es sah aus, als gäbe es Ille einen kleinen Kuß auf die Stirn. Ille verdrehte entzückt die Augen.

„Das kleine Mädchen hat mehr Pferdeverstand als drei Erwachsene zusammen", lachte Minkas Besitzer. „Mir ist das Fohlen bisher nur erschreckt ausgewichen."

„Kunststück", nuschelte Hasemann, „Ille hat die Pferdeliebe ja sozusagen schon mit der Nuckelflasche getrunken. Ein Jammer, daß heute nur noch so wenige Kinder die herrliche Freundschaft mit einem Pferd erleben dürfen."

Ille sah strahlend auf und erhob sich dann. Leise sagte sie zu dem kleinen Pferdchen: „So, und nun mußt du schlafen, mußt Ruhe haben, bis du größer bist und mit mir spielen darfst." Langsam bewegte sich Ille auf die Tür zu, damit das Kleine nicht erschreckte.

„Lassen Sie bitte vorerst keines der anderen Kinder zu Minka in die Box“, rief Hasemann Heinrich zu.

‚Nur ich darf — ich und Ille —‘, dachte Stefan, denn er hatte vorhin schon Minkas Stall gesäubert.

„Was ist eigentlich das hier für ein junger Mann, den kenne ich noch gar nicht“, fragte Direktor Brandt und deutete auf Stefan.

„Das ist Heinrichs Freund aus dem Schwarzwald“, sagte Herr Hasemann, „er hilft bei uns, wo gerade Hilfe gebraucht wird.“

„Mein Freund ist er aber auch“, rief Ille. Alle lachten.

Stefan wurde rot und wußte nicht, ob man von ihm noch eine Antwort erwartete.

„Und reiten tut er natürlich auch?“ fragte Herr Brandt.

Stefan sah blitzschnell zu Heinrich hin und von ihm zu Herrn Hasemann. Die Reiterei war bis jetzt das große Geheimnis zwischen Heinrich und ihm. Oder wußte Herr Hasemann am Ende doch davon? Aber Ille jedenfalls wußte nichts und sollte auch noch nichts erfahren. Stefan senkte den Kopf und ergriff den nächstbesten Eimer, nur, um seine Verlegenheit zu verbergen.

„Nö, der reitet nicht, den hat ein Pferd schon mal gefressen“, stichelte Ille. Hasemann lächelte verstohlen.

„Was nicht ist, kann ja noch werden“, sagte er obenhin.

Ille spitzte die Ohren. Ob Herr Hasemann wohl schon von dem Plan wußte, den ihr Vater und die anderen Herren sich ausgedacht hatten? Am liebsten wäre sie nun damit herausgeplatzt, hätte jetzt sofort Herrn Hasemann gebeten, Stefan einen von den sechs Jungen werden zu lassen, die umsonst bei ihm Reiten lernen durften. Aber dann schluckte sie es noch rasch hinunter. Es wäre nicht zum erstenmal gewesen, daß sie etwas ausplapperte, was sie eigentlich nichts anging.

Stefan hatte noch ihren Satz: „Nö, der reitet nicht, den hat ein Pferd schon mal gefressen", in den Ohren. Und er allein hörte ihn anders klingen. Der hat Angst, hatte er heißen sollen. Ille hatte es nur diesmal etwas höflicher ausgedrückt.

Sie ging dann hinüber zu Goldfasan, der schon ungeduldig wieherte und seinen Zucker haben wollte. Auch Baldur vergaß sie nicht. „Für heute bist du entlassen, Stefan", sagte Heinrich, „ich danke dir auch schön." Und leise, nur für Stefan verständlich, fügte er hinzu: „Solange der Wunderfitz da ist, willst du ja nicht üben, wie?" Stefan schüttelte den Kopf und rollte warnend mit den Augen. Verrate doch unser Geheimnis bitte nicht, hieß das. Der Alte lachte und schlurfte davon.

„Na, ihr tuschelt ja nicht schlecht miteinander", meinte Ille. Sie sah ein bißchen beleidigt aus. Am liebsten hätte Stefan ihr alles verraten, aber das ging doch noch nicht. Gerade Illes wegen hatte er doch fleißig trainiert, fast jeden Tag in letzter Zeit, aber er meinte, noch lange nicht genug zu können.

„Dein Freund roch schon wieder nach Schnaps", sagte Ille verächtlich.

„Er trinkt nur manchmal — aus Heimweh —, kannst du das nicht verstehen?" Stefan hatte das Bedürfnis, den Alten unbedingt zu verteidigen.

„Aus Heimweh? Wieso? Warum geht er denn dann nicht nach Hause, wenn er Heimweh hat?"

„Weil er seit dreißig Jahren nicht mehr dort gewesen ist, weil er gar nicht weiß, ob seine alten Freunde überhaupt noch leben."

Und dann, während Stefan und Ille sich im Hof auf eine Wagendeichsel setzten, vertraute er ihr Heinrichs traurige Geschichte an. Er hatte nämlich inzwischen alle Zusammenhänge erfahren. Heinrich hatte vor dreißig Jahren das Krämer-Bäbele geliebt und war mit ihm verlobt gewesen. Aber dann war ein anderer junger Mann gekommen, und Heinrich war eifersüchtig geworden. Das Bäbele hatte ihm hoch und heilig versichert, nur ihn zu lieben und ihm treu zu sein, aber Heinrich hatte es nicht geglaubt. Er hatte den anderen windelweich geprügelt und war bei Nacht und Nebel davongelaufen. Nichts mehr hören und sehen von den Schwarzwaldleuten hatte er wollen. Bis nach Amerika war er mit der Zeit geflohen, hatte nie mehr geschrieben und auch nie mehr etwas von daheim gehört. Dreißig Jahre lang.

„Dreißig Jahre lang", wiederholte Ille und machte ein nachdenkliches Gesicht.

„Und ich glaube, er liebt das Bäbele heute noch", ergänzte Stefan.

„Und sie, meinst du, daß sie auch noch an ihn denkt? Kennst du sie?"

„Klar. Sie hat einen Laden am Ende vom Dorf und gab uns Kindern immer Kandiszucker."

„Dann ist sie also eine gute Frau. Ist sie sehr arm?"

„Arm? Nein, warum? Sie hat ein eigenes Haus, einen eigenen Laden, und ich glaube, einige Wiesen gehören ihr auch."

Ille dachte wiederum nach. Ihr war inzwischen eingefallen, daß sie noch ihre Freundin besuchen wollte. Diese Freundin wohnte mitten in der Stadt, dort in der Nähe, wo auch Stefan wohnte. Sie radelten nun beide langsam hintereinander her.

„Schreib ihr doch einfach mal", rief Ille mitten im Verkehr der Stadt.

„Wem?" rief Stefan zurück.

„Na, diesem Bäbele da oben im Schwarzwald."

Stefan sprang ab, und auch Ille tat es. Sie schoben nun langsam nebeneinander her.

„Aber was soll ich ihr denn schreiben?"

„Liebe Güte, das ist doch ganz einfach. Du erzählst ihr, daß du hier den Heinrich kennengelernt hast, daß er Heimweh hat und Rheumatismus und gern nach Hause zurückkehrte. Und wenn sie dann antwortet, daß er ihr den Buckel runterrutschen könne, dann erzählst du ihm eben nichts davon."

Stefan dachte über Illes Worte nach. ‚Gar nicht so dumm, was sie da vorschlug.' Ille war viel gewandter als er; wenn sie behauptete, daß man so etwas tun dürfe, dann mochte das stimmen.

„Soll ich dir den Brief aufsetzen?" fragte Ille und tat nun wieder ein wenig überlegen.

„Nein, danke, das kann ich selbst." Und Stefan nahm sich fest vor, diesen Plan noch in den nächsten Tagen auszuführen. Nur das von Heinrichs Rheumatismus, das wollte er nicht dazusetzen.

„Da hinten wohnst du, nicht?"

Stefan sah Ille an: „Woher weißt du denn das?"

„Weil ich im Geschäft von deinem Onkel meine Schlittschuhe gekauft habe. Läufst du auch Schlittschuh — Salomon?"

Stefan antwortete nicht, sondern kniff die Lippen fest zusammen. Er hatte ja angedroht, auf den dummen Namen Salomon nicht zu reagieren. Ille kicherte: „Herr Wesenberg, laufen Sie auch Schlittschuh?"

„Nein."

„Aha, Sie wollen also mit Herr angeredet werden? Gut, ich werde es mir merken. Also Schlittschuh läuft der Herr nicht. Warum nicht? Schlittschuhe können doch nicht beißen. Aber allerdings, hinfallen kann man mit ihnen, und du fällst ja nicht gern hin."

‚Eigentlich sollte man diesem blöden Gör eins rechts und links hinter die Ohren geben', dachte Stefan wütend. Aber er antwortete dann doch. „Du kannst natürlich nicht wissen, daß es in den Schwarzwaldbergen kaum möglich ist, das Schlittschuhlaufen zu lernen. Dort läuft man Ski."

„Kannst du es?"

„Ja."

„Oh! So gut wie du reiten kannst?"

Stefan biß sich auf die Lippen. Am besten war, er tat, als hätte er nichts verstanden. In diesem Augenblick fuhr langsam ein Auto an ihnen vorüber. Und aus diesem Auto winkte ihnen ein Junge zu. Stefan nickte zurück, denn es war sein Banknachbar Werner gewesen, aber auch Ille winkte.

„Kennst du Werner auch, Stefan? Das ist der Bruder meiner Freundin, die ich gerade besuchen will."

„So? Der sitzt in der Schule neben mir."

„Ach! Ich wußte gar nicht, daß ihr gleichaltrig seid — Werner sieht älter aus als du. Er ist auch viel größer, nicht?"

„Nicht viel, fünf Zentimeter vielleicht, der hat nur breitere Schultern."

„Das kommt vom Sport, er ist im Schwimmverein der Beste. Du müßtest eben auch einen Sport betreiben, Stefan."

„Als ob breite Schultern so wichtig wären!" sagte Stefan wütend.

Ille lachte: „Du bist fürchterlich empfindlich, Salo . . . Stefan! Warum ärgerst du dich immer so schnell? Man kann dich so leicht aufziehen, tun deine Freunde das auch?"

Stefan dachte über Illes Frage nach. Seine Freunde — hatte er überhaupt welche? Aber aufgezogen hatten sie ihn immer, das stimmte, am schlimmsten war es gewesen, als er neu in die Stadt gekommen war. Seit seinem Kampf mit Ulli war es anders geworden, war ja vieles besser geworden. Aber Ille hatte vielleicht recht; er nahm schnell etwas übel. Immer meinte er, sie nähmen ihn nicht ernst genug und lachten heimlich über ihn.

„Bauern sind den Leuten aus der Stadt gegenüber immer mißtrauisch", sagte Ille da, „wir haben im Deutschunterricht gerade eine Geschichte darüber gelesen."

„Ich bin kein Bauer", brummte Stefan.

„Nein — ein Prinz", lachte Ille. ‚Ich werde Werner nach Stefan ausfragen', nahm sie sich vor.

‚Jetzt wird sie den Werner nach mir ausfragen', dachte Stefan.

„Dann hast du doch auch den Aumü zum Klassenlehrer?"

„Ja. Kennst du Doktor Aumüller etwa auch?"

„Er hat mit meinem Vater zusammen studiert, er ist manchmal bei uns. Magst du ihn?"

„Ja, sehr."

„Mag er dich auch?“ Ille fragte es so, als verbinde sie eine bestimmte Absicht damit.

„Das weiß ich nicht. Früher war er eigentlich netter zu mir. Neulich war mal so'ne dumme Geschichte. Seitdem mag er mich, wie mir scheint, nicht mehr.“

„Papi will nämlich Aumüller nach den sechs Jungen für Hasemann fragen — aber, ach so, das weißt du ja noch nicht. Nun haben wir soviel geredet und doch das Wichtigste vergessen.“

Und nun erzählte Ille von dem Plan der sechs Freistellen für die Jungen. Stefan schoß das Blut in den Kopf, was sollte er nur antworten? Eigentlich kam er doch für eine solche Freistelle gar nicht mehr in Betracht? Aber das konnte er Ille doch nicht erklären?

„Sag mal ganz ehrlich, Stefan, ob du gern Reiten lernen würdest oder nicht. Dann werde ich meinen Vater bitten . . .“

„Ich glaube, Ille, das ist . . . das müßte . . . das sollten wir den Herren überlassen, die darüber zu bestimmen haben“, stammelte Stefan.

„Gott, wie edel.“

„Gar nicht edel — aber ich kann doch schon etwas reiten.“

„So? Runterfallen wie'n Sack kannste.“

„Na, hab dich nicht so. Du bist auch schon runtergefallen.“

„Aber nicht im Schritt. 'ne überreife Pflaume war nichts gegen dich. Baldur hat nur tief Luft geholt und schon lagst du vor Schreck im Sand. Du und reiten! Gib doch nicht so an.“ Ille schien ernstlich böse zu sein. Stefan konnte ihre Sticheleien nun nicht länger ertragen.

„Wir können es ja noch mal drauf ankommen lassen, bei der nächsten Gelegenheit kann ich dir ja beweisen, daß ich . . .“

„Oha“, machte Ille nur und lachte. „Abgemacht, Salomon.“

Stefan schlug nun doch das Herz bis zum Hals. Vielleicht hatte er sich in diesen Wochen nur wieder eingebildet, schon reiten zu können? Vielleicht war es gar nichts, was er leistete? Vielleicht hatte er den Mund schon wieder einmal zu voll genommen? Aber immerhin war er schon einige Male gesprungen. Auf Baldur, auf Segelflieger und einmal sogar auf der neuen Anja, die Hasemann eventuell kaufen wollte.

„Anja springt wie ein junger Frühlingsmorgen“, hatte Hasemann lachend gemeint, aber Max behauptete, sie sei ein Satan. Im Stall schlüge sie mit dem Kopf, und das sei keine gute Charaktereigenschaft. Ille schien Gedanken lesen zu können. Ablenkend fragte sie: „Wie ist denn die neue Anja?“

„Im Sprung prima, aber sonst ein Satan.“ Fast hätte Stefan gerufen: Seitdem ich selbst auf Anja gesprungen bin! Aber er unterließ es.

„Werner hat übrigens schon manchmal von dir erzählt, aber er sprach immer nur von ‚dem Neuen.‘ Ich wußte nicht, daß du das warst.“

„Was sagte er denn?“ Stefan hielt den Atem an — was würde nun kommen?

„Och, nicht viel.“ Ille zögerte. „Daß du ihre Spiele nicht mitmachtest. Warum hast du denn keine Lust zum Herumtoben? Mach doch mit, dann sagen sie auch nicht mehr, du wärst komisch.“

„So, sagen sie das? Aber ich darf mich nicht überanstrengen. Ich habe ein Attest.“

„Ein Attest? Ist das eine Krankheit? Klingt wie Geschwür.“

Nun war die Reihe an Stefan zu lachen: „Aber nein, das ist eine Bescheinigung vom Arzt.“

„Deshalb brauchst du nicht gleich so zu lachen. Wiedersehen.“ Fort war die Ille. Aber an der Ecke kehrte sie noch einmal um:

„Kommst du morgen zum Stall? Ich werde wieder reiten.“

„Morgen hat meine Mutter Geburtstag, da kann ich nicht fort.“

„Na, dann nicht.“

Warum die Ille so schnippisch geworden war? Oh, Stefan kannte sie nun schon genau. Das mit dem Attest hatte sie nicht geglaubt, Drückeberger, hatte wieder in ihren hellen Augen gestanden. Bei Jungenspielen geht es nicht gerade sanft zu, und das magst du nicht, wie? So jedenfalls hätte man Illes Blick deuten können.

Während Stefan nun die Eisenwarenhandlung seines Onkels betrat, stieg Ille die zwei Treppen zu ihrer Freundin empor. Der Bruder Werner war schon zu Hause, und Ille verwickelte ihn sogleich in ein Gespräch.

„Ich wußte gar nicht, daß du mit Stefan Wesenberg in eine Klasse gehst.“

„Ich wußte ja auch nicht, daß du ihn kennst, hast nie was davon gesagt.“

„Himmel, ihr Jungen könnt' einen ganz schön nerven! Ich hab' es doch eben erst erfahren, als du an uns vorüberfuhrst. Du hattest seinen Namen doch nie genannt. Ist er ein guter Schüler?“

„Ziemlich. Aber du willst ihm wohl jedes Wort,

das ich über ihn sage, unter die Weste jubeln, wie?"
„Das ist ja 'n dickes Ei — dabei verkrache ich mich dauernd mit ihm! Aber das klingt ja, als machst du dir was aus seiner Meinung? Dabei hast du doch immer nur von dem komischen Neuen gesprochen, der sich feige vor jeder Auseinandersetzung drückt."

„Tat er auch, aber damit ist Sense. Neulich hat er uns allen gewaltig imponiert."

„Erzähle doch!" Ille rutschte ein Stückchen näher. Ihre Freundin gähnte gelangweilt: „Ach, diese Geschichte wächst mir schon zum Hals heraus, die scheint dir ja mächtig in die müden Knochen gefahren zu sein, Werner."

„Ist sie auch, ist sie uns allen. Solltest mal sehen, was der Ulli jetzt für einen Bogen um den Stefan macht."

„Der blonde Ulli? Euer Räuberhauptmann?" fragte Ille sofort. Ulli, der Anführer der schwarzen Elf, war ihr längst als großes Rauhbein bekannt.

„Ja, denn den hat er vertrimmt, einfach fertiggemacht, ich kann dir sagen, da war alles dran."

„Wer, der Stefan?" Ille riß ungläubig die Augen auf. Werner nickte. „Eines Tages wurde es ihm mit Ullis Sticheleien wohl zu dumm, da hat er ihn herausgefordert und zusammengehauen, einfach prima."

Ille schwieg beeindruckt. Ihre Gedanken sausten im Kreis. Der Stefan hatte sich gewehrt! Der Stefan hatte den unbesiegbaren Ulli besiegt! Wunder über Wunder. Und kein Wort hatte er ihr darüber erzählt. Das gefiel ihr an der ganzen Sache noch am besten.

„Woher kennst du denn den Stefan?" fragte die Freundin.

„Von Hasemanns Reitschule her, hab' ich dir doch mal erzählt — aber das ist schon lange her."

„Kann denn der Stefan etwa auch reiten?"

Ille besann sich nur wenige Sekunden, dann sagte sie laut: „Und wie er das kann! Den solltest du mal sehen!"

Werner pfiff leise durch die Zähne. Das mußte er morgen unbedingt den anderen erzählen. Kein Sterbenswörtchen hatte der Stefan davon verraten, als der Aumü neulich auf die Hasemannsche Reitschule hingewiesen hatte.

„Wie war es denn eigentlich zu der Prügelei zwischen Stefan und Ulli gekommen?" forschte Ille nun weiter.

„Och, eigentlich war der Ulli schuld. Er blätterte während des Unterrichts in einem Porno-Magazin mitten in der Lateinstunde. Und wenn die Pauker merken, daß man nicht bei der Sache ist, sondern sich mit etwas anderem beschäftigt, reagieren sie ja immer sauer darauf. Eure doch sicher auch? Na, jedenfalls, Stefan döste, und als er aufgerufen wurde, hatte er keine Ahnung, was er gefragt worden war. Da verstand es der Ulli, ihm das Heft zuzuschmuggeln, gerade zwischen Stefans Füßen klatschte es auf den Boden."

„Wie war es denn bis dahin gekommen? Von allein doch nicht. Da muß doch der, der neben Stefan sitzt . . ."

„Werner sitzt neben ihm", sagte dessen Schwester trocken.

Ille sah Werner forschend an: „Also gut, du hast das Heft bis zum Stefan weitergereicht. Und dann?"

„Na ja, aber ich wußte gar nicht, um was es sich

handelte. Ich dachte, sie hätten ihm helfen wollen . . .“

„Ausgerechnet du, mir kommen die Tränen . . .“

„Ich konnte doch auch nicht ahnen, daß der Aumü . . .“

„Aber den Stefan dann reinfallen lassen, das konntet ihr, wie?“ flammte Ille empört. „Der Aumü glaubt nun, es sei Stefans Heft gewesen, und er hätte es sich angesehen, nicht?“

„Möglich.“ Werner schwieg nun gekränkt. Man sollte Mädchen eben nichts erzählen. Stefan hatte die Sache mit Ulli bereinigt, wie das unter Jungen üblich war. Den Lehrer ging das doch nichts an.

„Der Stefan geht ja manchmal mit dem Aumüller zusammen nach Hause, vielleicht hat er ihm inzwischen alles erzählt“, meinte Werner etwas kümmerlich.

„Der klatscht nicht, darauf kannst du dich verlassen“, rief Ille. „Ich finde so was gemein! Ihr hättet den Mut haben sollen, dem Aumü die Wahrheit zu gestehen.“

„Hab dich nicht so, das versteht ihr nicht“, sagte Werner und knallte seine Schultasche auf den Tisch. „Ruhe jetzt, ich muß lernen.“

„Typisch!“ rief Ille zornig und sah ihre Freundin an. „Große Worte haben die Bengels und nix steckt dahinter. Wenn's drauf ankommt, kneifen sie, alle miteinander.“

„Ruhe“, brüllte Werner.

„Du wolltest doch meinen Aufsatz durchlesen“, lenkte seine Schwester ab. Ille tat es. Sie hatte mit diesem Aufsatz überhaupt noch nicht begonnen.

Werner paukte seine Vokabeln. Er steckte zu diesem Zweck die Zeigefinger in die Ohren. Aber heimlich zog er sie immer wieder heraus und lauschte zu den Mädchen hinüber. Wenn er seine Vokabeln morgen nicht konnte, würde der Stefan sie ihm schon vorsagen. Das tat er immer, wenn es nötig war.

*

Am nächsten Nachmittag, es war genau halb sechs Uhr, betrat ein Mädchen in Reithosen die Eisenhandlung. Es trug ein Paket unter dem Arm und blickte sich suchend um. Es verlangte Laubsägeblätter. Stefans Tante holte das Gewünschte aus einer Schublade und legte es vor die junge Kundin hin.

„Feine oder stärkere?"

„Feinere", sagte die Kundin und griff doch nach den verkehrten, weil sie immer wieder ihre Augen durch den Laden wandern ließ.

„Suchst du noch etwas?" fragte die Verkäuferin.

„Nein — oder eigentlich ja. Den Stefan! Dies ist doch das Geschäft von seinem Onkel, nicht?"

„Ja, gewiß, kennst du Stefan?"

„Ich bin Ille von Berg." Das klang ungefähr so wie: Ich bin die Königin von Saba, das solltest du doch wissen. Stefans Tante nickte freundlich:

„Geh nur nach oben, Stefan ist zu Hause, seine Mutter hat heute Geburtstag."

Ille schien einen Augenblick zu zögern.

„Geh gleich hier durch die hintere Tür hinaus, dann kommst du direkt in die Wohnung. Nur gerade die Treppe hoch . . ."

Ille nickte. Niemand konnte behaupten, daß sie besonders schüchtern war. An der oberen Tür klopfte sie. Eine Frau machte auf, die mit Stefan Ähnlichkeit hatte. Ille wickelte einen Rosenstrauß aus ihrem Paket und sagte vergnügt: „Guten Tag, das Fräulein unten im Geschäft hat gesagt, ich soll hinaufgehen. Sind Sie Stefans Mutter?“

Frau Wesenberg nickte überrascht. „Ja, das bin ich, wolltest du zu Stefan?“

„Nein, ja, aber eigentlich wollte ich Ihnen zum Geburtstag gratulieren. Herzlichen Glückwunsch!“

Ille lachte. So, das war heraus. Auch Frau Wesenberg lachte nun, und in diesem Augenblick wußte sie auch, wer die junge Dame in den Reithosen war.

„Du bist sicher die Ille, komm herein, Stefan hat mir schon viel von dir erzählt. Und die schönen Rosen. Gerade gelbe Rosen hab' ich so gern.“

„Das wußte ich, davon hat Stefan mal gesprochen, als er unser Rosenbeet sah.“

„Aber durftest du denn einfach so viele für mich schneiden?“

Ille lachte noch vergnügter: „Ich habe sie eigentlich gar nicht selbst besorgt, das hat Wuppi getan, mein Hund. Der hat gestern das ganze Rosenbeet um und um gewühlt. Manchen Blüten sieht man es noch ein bißchen an, nicht?“

„Nein, gar nicht, sie sind wunderschön“, sagte Stefans Mutter und senkte ihr Gesicht tief in die duftende Fülle. Seit Jahren hatte ihr niemand mehr einen so großen Rosenstrauß geschenkt. Sie führte Ille ins Zimmer. Stefan sprang vom Stuhl hoch und sperrte den Mund auf. War das wirklich Ille? Und gestern hatte sie sich doch im Zorn von ihm verabschiedet!

„Oh, Ille, wie kommst denn du hierher?“

„Mit dem Flugzeug“, sagte Ille todernst.

„Komm, setz dich und iß ein Stück Kuchen." Frau Wesenberg schob einen Teller vor Ille.

„Wie ist es heute mit dem Reiten gegangen?" fragte Stefan.

„Gut. Mein Fuß ist wieder in Ordnung. Der Doktor ist ja doof, daß er es mir so lange nicht erlaubte."

„Das dürfte er aber nicht hören", lächelte Frau Wesenberg, „besser man ist ein wenig vorsichtig, als daß man seine Ungeduld hinterher bereuen müßte." Ille antwortete nichts, aber ihre Augen verrieten, daß sie absolut nicht für Geduld zu haben war.

„Stefan hat jetzt auch so viel Freude am . . .", begann seine Mutter, stockte dann aber plötzlich mitten im Satz und blickte erschrocken auf ihren Sohn.

„Nanu, hat er Sie auf den Fuß getreten?" fragte Ille prompt.

Frau Wesenberg schlug sich mit der Hand auf den Mund: „Liebe Zeit, Junge, das spür' ich morgen noch!" Ille guckte prüfend von einem zum andern, aber sie wagte doch nicht zu fragen, was hier eigentlich verschwiegen werden sollte.

‚Nun hätte Mutter fast unser Geheimnis verraten', dachte Stefan und merkte nicht einmal, daß er ein böses Gesicht zog.

„Ein Gesicht wie Zahnweh", spottete Ille und zwinkerte Frau Wesenberg zu.

„Bambi ist heute frei im Stall herumgesprungen", erzählte sie dann.

„Bambi ist das neue Fohlen, nicht wahr?"

„Ja. Hasemann will es behalten und aufziehen. Der Tierarzt sagt, es würde einmal ein sehr schönes Pferd. Vielleicht kauft Papi es mir, wenn es groß ist."

Frau Wesenberg dachte im stillen, wie leicht sich so ein Kind aus reichem Hause das Leben vorstellen müsse. Es durfte sich einfach ein Reitpferd wünschen, so wie andere kleine Mädchen sich eine Puppe wünschen.

Ob Stefan durch den Umgang mit Ille wohl Vergleiche zog und sein eigenes bescheidenes Zuhause schmerzlich empfand?

Sie wußte es nicht recht. Hoffentlich gab ihm die Freundschaft das, was er brauchte: Bestätigung und Anerkennung.

Sie hatte nichts dagegen, daß Stefan nun bei Heinrich Reiten lernte. Im Gegenteil, er hatte ihr das ganze Jahr über leid getan, weil er soviel allein war und meistens zu Hause herumsaß und las. Ein Junge mußte hinaus, mußte Bewegung haben, das hatte ihr verstorbener Mann immer gesagt. Stefan war in diesen letzten Wochen viel frischer und froher geworden, und das schrieb sie dem Reiten zu. Aber warum sollte diese Ille nichts davon wissen? Das war doch sonderbar. Ich werde Stefan heute abend danach fragen, nahm Frau Wesenberg sich vor. Da klingelte im Gang das Haustelefon, Frau Wesenberg ging hinaus.

„Hast du schon an das Bäbele im Schwarzwald geschrieben?“ fragte Ille leise.

„Geschrieben ja, aber noch nicht abgeschickt“, sagte Stefan. Er blinzelte verlegen, denn er mochte doch der Ille nicht gestehen, daß er noch keine Briefmarke besaß. Er mußte warten, bis sein Onkel ihm einmal wieder für eine Besorgung ein paar Groschen schenkte, denn Mutter durfte doch von diesem Brief nichts wissen.

„Hier hast du eine Briefmarke“, sagte Ille da und

schob ihm das kleine rote Papierchen schnell zu, als könnte sie Gedanken lesen.

Frau Wesenberg kam zurück: „Stefan, Onkel Ernst bittet dich, ihm schnell Zigaretten zu besorgen.“ Stefan erhob sich sofort: „Ich bin in fünf Minuten wieder da.“

„Laß dir nur Zeit.“ Ille schien sich direkt darüber zu freuen, daß er verschwand. „Ich muß Ihnen nämlich was sagen“, flüsterte sie und wandte sich geheimnisvoll an Frau Wesenberg.

„Aus Stefan werde ich nämlich nicht recht schlau. Meinen Sie, es würde ihm Spaß machen, bei Herrn Hasemann reiten zu lernen? Es kostet nämlich gar nichts, das ist so . . .“ Und Ille erzählte rasch von dem Plan ihres Vaters, sechs Buben im Reiten ausbilden zu lassen. „Ich möchte nur wissen, ob es ihm Freude macht oder nicht. Wir kennen seinen Lehrer gut, der meint, es wäre sehr gut für Stefan, wenn er zu Hasemann käme. Bitte, bitte, Frau Wesenberg, erlauben Sie es ihm doch!“

„Aber gern, warum denn nicht?“ Frau Wesenberg wußte nicht recht, was sie von all dem halten sollte. Hätte Stefan sie nicht vorhin so warnend angestoßen, würde sie natürlich jetzt erzählt haben, daß er doch schon längst Unterricht bekäme — so aber schwieg sie. Doch Ille fühlte, daß ihr hier etwas verheimlicht wurde.

Sie hörten schon wieder Stefans schnelle Schritte auf der Treppe, als Ille noch einmal eindringlich flüsterte: „Also, Sie glauben wirklich, daß er sich freuen würde, wenn wir ihn vorschlügen?“

Frau Wesenberg nickte. Dieses Mädchen war ein feiner Kerl ohne Dünkel, das wußte sie nun genau.

„Geheimnisse?“ fragte Stefan noch ein wenig atemlos.

„Ja, wie du“, lachte Ille und verabschiedete sich dann. Sie war genau eine halbe Stunde dagewesen.

„Ein nettes Mädchen, diese Ille“, sagte Frau Wesenberg, „so offen, das gefällt mir.“

Stefan lachte: „Offen nennst du das, wenn jemand alles sagt, was er denkt? Die hat vor keinem Respekt — und Launen hat sie wie eine Prinzessin. Aber aus Mädchen wird man ja nie schlau.“

„Warum sollte ich denn der Ille nicht verraten, daß du beim alten Heinrich reiten lernst?“

„Och“, machte Stefan gedehnt, „die Ille ist sowieso wunderfitzig genug, Mädchen brauchen nicht alles zu wissen. Eines Tages wird sie es ja doch erfahren, aber bis dahin . . .“ Nie im Leben hätte Stefan jetzt gestehen können: Weil sie gesagt hat, ich hätte Angst, ich wäre feige, deshalb möchte ich ihr das Gegenteil beweisen!

Aber wahrscheinlich hatte seine Mutter ihn trotzdem durchschaut. Sie zupfte ihn am Ohr und lächelte. „Ich glaube, das Reiten tut dir wirklich gut, du wirkst in letzter Zeit viel aufgeschlossener. Du hattest zu wenig körperliche Bewegung hier. Solange du den Sport nicht übertreibst, kann er dir bestimmt nicht schaden. Und Reiten ist ein sehr schöner Sport, das hat dein Vater auch immer gesagt.“

Ulli bekennt Farbe

Einige Tage später fragte Dr. Aumüller plötzlich seine Klasse: „Sagt mal, Jungs, wer von euch kann reiten?"

Niemand meldete sich, auch Stefan nicht, obgleich er es jetzt ruhigen Gewissens hätte tun dürfen.

„Keiner? Schade, man sieht, wir leben in einer unromantischen Zeit. Die Maschine hat das Pferd verdrängt, später wird niemand mehr wissen, wie wundervoll es ist, auf dem Rücken eines Pferdes durch einen frühen Sommermorgen zu reiten, durch den herbstlichen Wald, wenn die Nebel zerflattern, oder durch die Dünen, wenn das Meer einem zur Seite rauscht und außer Roß und Reiter nur noch die Möwen in dieser Landschaft lebendig sind."

Der blonde Ulli sah den Lehrer an: „Ich möchte sehr gern reiten, Herr Doktor."

„Du hast jetzt Gelegenheit, es zu lernen. Seit einiger Zeit gibt es in unserer Stadt wieder ein Reitinstitut. Ich glaube, Wesenberg, wir sprachen schon einmal darüber?"

Alle blickten nun auf Stefan. War es nicht zum erstenmal seit langem, daß Dr. Aumüller sich wieder mit einer persönlichen Frage an ihn wandte? Zum erstenmal — seit damals? Seit die Sache mit dem bewußten Magazin passiert war?

Stefan sah den verehrten Lehrer beglückt an und hoffte heiß, daß er ihm nun endlich die häßliche Geschichte verziehen haben würde.

„Ja, Sie meinen die Reitschule von Herrn Hasemann.“

„Du bist doch auch schon geritten, Junge, warum hast du dich eben nicht gemeldet?“

„Oh“, stotterte Stefan, „das kann man doch nicht reiten nennen, ich möchte es lernen, ja, aber das geht nicht so schnell.“

„Aha“, machte Dr. Aumüller nur und lächelte ihm zu. Er erinnerte sich bestimmt noch an Stefans großspuriges: Ja, ich kann reiten, wir haben ein eigenes Pferd gehabt!

‚Gut so‘, dachte der Lehrer, ‚man muß immer erst mit eigenen Augen vergleichen können, wenn man ein Urteil fällen will.‘

„Ich habe nun ein sehr schönes Angebot erhalten“, setzte Dr. Aumüller seine begonnene Rede fort. „Ich darf einige Jungen aus meiner Klasse ein Jahr lang zu Herrn Hasemann in die Reitschule schicken. Sie werden dort umsonst ausgebildet, und nach Ablauf dieses Jahres kommen wieder andere Jungen an die Reihe. Aber wie sollen wir das nun machen? Eine Auswahl ist hier schwer zu treffen. Am besten sprecht ihr zuerst einmal mit euren Eltern darüber, denn sie müßten euch Reithose und -stiefel anschaffen. Ferner scheiden von vornherein diejenigen aus, die aus gesundheitlichen Rücksichten keinen Sport treiben dürfen. Auch wer keine Lust hat und findet, daß Pferde in unserem Zeitalter keine Lebensberechtigung mehr haben, braucht sich nicht zu melden. Es wird nämlich nicht nur geritten, es wird auch der Stall ausgemistet, gestriegelt und gefüttert, daß ihr es nur gleich wißt! Wenn also mehr als benötigt sich melden, wird das Los unter ihnen entscheiden. Abgesehen davon wird Herr Hasemann auch alle Kandidaten noch vorher prüfen. Herr Hasemann ist ein glänzender Reiter und Lehrer, er hat früher auf den größten Turnieren Preise geholt. Ich möchte ihm wirklich nur Jungen schicken, an denen er Freude haben kann."

Ulli war abwechselnd rot und blaß geworden. Stefan beobachtete es. Ulli hatte schon, bevor von dieser freien Ausbildung die Rede gewesen war, gerufen, daß er gern reiten würde. Vielleicht entsprang dieser Wunsch bei ihm weniger einer Liebe zum Pferd als dem Drang, so zu werden wie die wilden Cowboys, von denen er so gern las.

Stefan zuckte förmlich zusammen, als Dr. Aumüller sagte: „Ich habe eigentlich sofort an dich gedacht, Wesenberg, du bist als Kind schon geritten, du stammst aus einer bäuerlichen Familie, hast keinen Vater mehr, der dir diese Freude schenken könnte, hast in diesem Jahr fleißig gelernt und die Klasse eingeholt . . ., was meint ihr, darf ich den Wesenberg vorschlagen?"

„Ja", brüllten sie alle sofort, und Ulli brüllte dabei am lautesten. Sie sahen neidlos zu Stefan hin. Dem zitterten die Lippen vor Überraschung, er brachte keinen Ton heraus. Er fühlte nur beglückt, daß sie ihn mochten! Also hielten sie ihn wohl nicht mehr für einen Drückeberger. Er wurde puterrot vor Freude darüber. Und vor Scham zugleich. Denn damals, als er dem Aumü gegenüber geprahlt hatte, hatte er sich nur wichtig machen wollen, auf Kosten einer Lüge. Heute, ja, da liebte er die Pferde wirklich, da hatte er erlebt, daß sie eine Seele besaßen, daß sie einen verstanden und viel geduldiger waren als jeder Mensch. Eigentlich hätte er doch nun aufstehen und das alles sagen müssen.

Aber er sagte plötzlich etwas ganz anderes. Er sprang auf und deutete auf Ulli: „Ich danke vielmals, Herr Doktor, aber ich kann beim Heinrich reiten lernen, wenn ich ihm dafür im Stall helfe. Ich möchte, daß an meiner Stelle der Ulli es lernen darf."

Atemlos hatte die ganze Klasse zugehört. Auch Dr. Aumüller schien diese Antwort nicht erwartet zu haben. Stefan und Ulli? Waren sie nicht immer Todfeinde gewesen?

Ulli war nun genauso rot und genauso verlegen wie Stefan selbst.

„Ich würde es sehr gern tun, meine Eltern hätten auch bestimmt nichts dagegen, und die Stiefel, die könnte ich mir zu Weihnachten wünschen. Aber ich nehme es nur an, wenn Wesenberg deshalb nicht zurücktreten muß."

„Donnerwetter, welch edler Wettstreit", platzte der lange Simon heraus.

„Mensch, du bist ja bekloppt", flüsterte Werner seinem Banknachbarn zu, aber Stefan lachte ihn nur an. Er fühlte genau, daß er richtig gehandelt hatte. Und noch etwas fühlte er in dieser Minute: daß er jetzt endlich einen wahren Freund gewonnen hatte.

Und ebenso schien Dr. Aumüller zu bemerken, daß soeben ein Kriegsbeil begraben worden war. Deshalb winkte er die beiden zu sich heran. Man merkte dem blonden Ulli an, daß er gern noch etwas gesagt hätte, daß ihm noch etwas auf der Seele brannte, aber er druckste nur herum und mußte wohl erst mit dem Kloß fertig werden, der ihm im Halse steckte.

Ihr Lehrer legte ihnen die Hände auf die Schultern und sah sie gütig an: „Ihr seid prächtige Bengel, alle beide, ich freue mich und bin stolz auf euch."

‚Er hat mir verziehen', dachte Stefan, ‚Gott sei Dank, er hat mir endlich verziehen!' Da holte Ulli tief Luft, und jeder sah, daß ihm das, was er nun sagen wollte, recht schwer fiel.

„Ich bin gar nicht prächtig, Herr Doktor, nein, ich bin ein feiger Hund gewesen." Ulli konnte es nicht lassen, auch jetzt noch ein wenig in der Art seiner Helden zu sprechen.

„Nämlich damals, die Sache mit dem Magazin — die war ganz anders. Das gehörte dem Stefan nicht! Es war mein Heft, und ich hatte . . ."

Dr. Aumüller nickte erfreut: „Ich weiß es schon, Ulli. Aber es ist prima, daß du es mir von selbst gestehst. Ich war wirklich stocksauer auf Stefan, aber inzwischen hat mir ein kleines Mädchen die Wahrheit erzählt. Ich sage nicht, wer es war, ich sage auch nicht, von wem sie alles so genau wußte —, aber kleine Mädchen haben manchmal größere Brüder — und Lügen eben immer kurze Beine! Stefan jedenfalls hat dichtgehalten, das könnt ihr mir glauben. So, Jungs, und nun machen wir Schluß für heute. Ich finde, das war seit langem unsere beste Stunde."

*

Wie immer, wenn es nach der letzten Unterrichtsstunde klingelte, stürzten die Schüler lärmend aus allen Klassen. Sie nahmen sich kaum Zeit, ihre Parkas richtig anzuziehen! Nur weg aus der Schule, als könnte es plötzlich einem der Lehrer einfallen zu rufen: Halt, alle zurückkommen, wir legen noch eine weitere Stunde ein!

Es ergab sich ohne ihr Zutun, daß Stefan und Ulli von den anderen der Klasse wie der Marmeladentopf von den Wespen umzingelt wurden. Da marschierten sie nun Seite an Seite, die einst Unversöhnlichen, und sie blickten ein bißchen verlegen in die Luft.

„. . . war verdammt anständig von dir", nuschelte Ulli und schnaufte.

„Käse", sagte Stefan.

„Doch, damals hab' ich mich gemein benommen, weißt schon, was ich meine."

„Der Film ist doch längst gelaufen", erwiderte Stefan leichthin, aber innerlich war ihm froh zumute.

Der lange Simon überholte die Gruppe auf seinem Rad und sprang ab: „Da wird doch der Hund in der Pfanne verrückt . . ., die großen Feinde Seite an Seite!" Er grinste hämisch. „Nun kommst du dir wohl großartig vor, Musterknabe Stefan, wie?"

„Halt die Schnauze", knurrte Ulli nur, und es war das erste Mal, daß er offen Stefans Partei ergriff.

Oben an der Weggabelung trennten sie sich. Ulli hielt Stefan die Hand hin, und Stefan schlug ein. Sie hatten sich, solange sie sich kannten, noch nie die Hand gegeben.

*

Am Nachmittag war es, in der Reitschule. Die Sonne schien schräg auf die Bahn und teilte sie in helle und dunkle Streifen. Frau von Berg, Direktor Brandt und noch ein zweiter Herr ritten Dressur.

Frau von Berg piaffierte. Goldfasan machte seine Sache offensichtlich gut, denn immer wieder klopfte sie ihm liebevoll den Hals. In der nächsten Woche fand wieder ein internationales Reitturnier statt, an dem auch Frau von Berg sich beteiligen würde.

Auf der kleinen Tribüne saßen einige Zuschauer, einer rief immer wieder laut: „Glänzend, gnädige Frau, ganz famos.“ Auch Ille saß mit blanken Augen unter den Zuschauern. Sie ließ kein Auge von ihrer Mutter. So reiten können, oh, jemals so gut reiten können, war ihr einziger Wunsch. Hasemann zog sie an ihren langen Locken: „In fünf Jahren, Ille, bist du selbst so weit, hm?“

„In zehn, Herr Hasemann.“

„Bescheidenheit ist eine Zier“, lachte der alte Herr, „aber denk mal dran, ich wette, du schaffst es früher. Übrigens soll nächsten Donnerstag die erste Prüfung der sechs stattfinden, die ein Jahr lang umsonst reiten dürfen. Sie sind nun ausgesucht, magst du zugucken?“

„Klar. Sind es lauter Jungen?“

„Ja.“

„Warum ist denn kein Mädchen dabei?“ Hasemann stutzte und sah Ille verdutzt an.

„Warum? Du, weil keiner von uns daran gedacht hat! Du hast völlig recht, mein bester Schüler ist ein Mädchen, und ich vergesse das. Schade, aber ich verspreche dir, beim nächstens Kursus nehmen wir auch Mädchen auf.“

Ille gab sich einen Ruck: „Ist — Stefan Wesenberg auch bei den Sechsen?“

„Nein.“

Sie fuhr herum und sah Hasemann drohend an:

„Warum nicht? Ich habe doch meinen Vater so darum gebeten?“

„Stefan wollte nicht. Man schlug ihn vor, aber er lehnte es ab.“

„Er — lehnte — es ab?“ Ganz langsam fragte es Ille. „Aber warum denn nur?“ Sie mochte es noch immer nicht glauben.

„Zugunsten eines Jungen aus seiner Klasse — ist doch'n feiner Zug von ihm, nicht?“

Aber Ille war völlig anderer Meinung. Zorn stieg in ihr hoch. Zorn und Verachtung. Nun war all ihr heimliches Planen umsonst gewesen. Oh, sie wußte, warum Stefan das Angebot abgelehnt hatte! Aus Angst! Nur aus Angst! Zugunsten eines anderen Jungen! Pah, das konnte er ihr nicht weismachen. Da hatte sie sich nun seinetwegen so viel Mühe gegeben — und nun wollte er nicht.

„Feigling“, stieß Ille verächtlich heraus und sah bitterböse in die Welt.

„Na, na“, machte Hasemann, „nur nicht gar so schnell mit den jungen Pferden. Warum nimmst du nur von jedermann immer gleich das Schlechteste an und verurteilst ihn von vornherein? Eine sehr sportliche Haltung ist das nicht, kleines Fräulen.“

„Von Stefan auch nicht! Ich mag keine Feiglinge. Er hätte sich wenigstens die Mühe machen sollen, es zu probieren. Und wenn er dabei auch mal runterfällt, was schadet denn das?“ Ille war tief enttäuscht, und alle ihre Freude war ihr genommen. Sie vergaß, daß sie Stefan schon einmal Unrecht getan hatte, weil sie ihn zu rasch verurteilte. Nun warf sie alles Ungünstige, das sie schon einmal über ihn gedacht hatte, wieder auf einen großen Haufen. Sie blickte kaum mehr auf die Reiter in der Bahn und nagte unablässig auf ihrer Unterlippe. Na schön, dann nicht, der Fall Stefan war damit für sie erledigt! Stefan war ein Waschlappen. Ille stand auf. Sie ging hinunter in den Stall, wo der alte Heinrich auf einer Futterkiste saß und rauchte.

„Haben Sie das Neueste von Stefan schon gehört, Heinrich?"

„Du mußt doch deine Nase in alles hineinstecken", knurrte Heinrich, „woher weißt du es denn schon wieder?" Aber er schien gar nicht böse zu sein. Über kurz oder lang hätte sie das von Stefans heimlichen Reitkünsten ja sowieso erfahren sollen.

„Was meinen Sie denn? Da gibt es doch nichts zu lachen!" empörte sich Ille.

„Na, zum Weinen ist es doch auch gerade nicht", grinste Heinrich.

„Ich glaube, Sie meinen wirklich etwas ganz anderes als ich."

‚Verflucht', dachte da der Heinrich, ‚weiß sie am Ende doch noch nichts davon? Da hätte ich mich ja beinah fein verplappert.' Heinrich war heute bester Laune. Er hatte am Morgen eine große Überraschung erlebt. Max hatte über den ganzen Hof gerufen: „Heinrich, ein Brief für dich!" Ja, und dann hatte er einen Brief bekommen. Einen Brief aus dem Schwarzwald. Und niemand anders als das Kramer-Bäbele hatte diesen Brief geschrieben. Heinrich begriff das immer noch nicht ganz. Er mußte das unbedingt nachher mit dem Stefan besprechen.

„Na, was ist denn passiert — mit dem Stefan?"

„Er hat es abgelehnt, hier umsonst reiten zu lernen! Können Sie das verstehen, Heinrich? Ein Junge lehnt so ein schönes Angebot ab? Schiß hat er, weiter nichts.“

„Schiß ist kein feiner Ausdruck für eine junge Dame“, grinste Heinrich und klopfte behaglich sein Pfeifchen aus.

„Fein oder nicht fein, das ist mir ganz egal. Ich bin wütend. Stefan ist ein Waschlappen, jawohl, das können Sie ihm ruhig wiedererzählen.“

„Wird gemacht“, sagte Heinrich. Und verschlagen fügte er noch hinzu: „Wenn dir dieses Urteil nur nicht mal leid tut, Ille. Nicht jeder trägt sein Herz auf der Zunge. Du bist ein bißchen vorschnell, finde ich. Wir haben früher schon immer gelernt: Die höch-

ste Tugend des Reiters ist Geduld. Aber davon könntest du, glaub' ich, noch eine Menge gebrauchen."

Ille sah diesen unrasierten Alten an und wunderte sich, daß er so vernünftige Worte sprach. Heute schien er noch nichts getrunken zu haben. Ihr fiel ein, daß Stefan gesagt hatte, der Alte leide unter Heimweh. Noch nie hatte sie sich die Mühe gemacht, über Heinrich nachzudenken. Er gehörte für sie zum Stall wie die Pferde, die Mistschaufeln und die Sättel. Heinrich besitze mehr Lebensweisheit, als man nach einem flüchtigen Blick vermuten könne, hatte Stefan behauptet. Plötzlich setzte sich das schnippische Fräulein Ille neben den Alten auf die schmale Fut-

terkiste: „Sagen Sie mal, Heinrich, was halten Sie eigentlich von ihm?“

„Von wem?“ grinste Heinrich.

„Na, von Stefan natürlich.“

„Viel“, sagte der Alte. „Er hat in einem Jahr in der Schule alles nachgeholt, was die anderen Jungen in dreien gelernt haben.“

„Er ist ein Streber.“ — „Nein.“ — „Und er hat Angst.“ — „Stimmt ebenfalls nicht.“ — „Das können Sie nicht beweisen.“ — „Doch.“ — „Wie denn?“ — „Abwarten“, sagte der Alte und guckte das Mädchen pfiffig an.

„Vielleicht kann ich das in den nächsten Tagen schon beweisen, ja.“

Ille wußte nicht, was sie davon halten sollte. Wahrscheinlich wollte Heinrich sie nur verulken. Wahrscheinlich auch mochte er sie nicht. Sie wußte, daß sie nie besonders nett zu ihm gewesen war. Sie wußte nur, daß ihre Eltern ihm zuweilen ein gutes Trinkgeld gaben, und hatte gemeint, das genüge. Aber plötzlich wußte sie, daß sie sich dumm benommen hatte. Unzufrieden mit sich und der Welt stand sie auf und trat an Minkas Box. Der kleine Bambi kam nun schon zutraulich heran und ließ sich kraulen. Aber heute konnte Ille nicht einmal über seine drolligen Bewegungen lachen. Minka erhielt ihren Zukker, Bambi durfte natürlich noch nicht gefüttert werden. Dann setzte Ille ihre Mütze auf und holte ihr Rad. Und gerade, als sie aus dem Hof hinausfuhr, radelte Stefan heran.

„Hallo Ille, na du, steig doch mal ab, warte mal . . .“ Aber Ille stieg nicht ab und wartete nicht. Sie trat in die Pedale, als wäre ein ausgebrochener

Löwe hinter ihr her. Sie sah sich kein einziges Mal um und verschwand im Straßengewühl.

„Nanu“, sagte Stefan gleich darauf im Stall, „was hatte denn die Ille?“

„Launen, wie alle Weiber“, knurrte Heinrich. „Ich soll dir ausrichten, du wärst ein Waschlappen.“ Heinrich kehrte gelassen seinen Mist weiter. Aber diese Ruhe war nur Tünche. Heinrich warf plötzlich seinen Besen hin und zog einen Brief aus der Tasche.

„Da, lies das mal, Stefan, das erhielt ich heute morgen.“ Stefan schoß das Blut in die Wangen. Der Brief! Der Brief! Das Krämer-Bäbele hatte schon geantwortet! Hoffentlich hatte sie ihn nicht verraten. Er vergaß den Waschlappen und las:

Lieber Heinrich, daß ich nach dreißig Jahren noch erfahren würde, daß Du lebst, das hätte mir jeder erzählen können, den hätte ich ausgelacht. Ich freue mich aber so, daß Du lebst. Bitte, komm doch endlich mal nach Hause. Dein Bruder ist im Krieg gefallen, Deine Schwester hat wieder geheiratet und ist eine böse Sieben geworden. Aber Du kannst jederzeit zu mir kommen, ich habe in meinem Haus immer ein Plätzle für Dich aufgehoben. Am 21. Oktober habe ich Geburtstag, es wäre mein schönstes Geschenk, wenn Du dann kämst. Du hast einen Acker geerbt und ein Stück Wald. Ich habe nie geheiratet, weil ich Dich nicht vergessen konnte. Nun bin ich alt, aber Du bist auch nicht jünger geworden, gell? Ich schicke Dir die Linzertorte, weil Du die doch immer so gern gegessen hast. Soll ich Dir auch das Reisegeld schicken?

Deine treue Barbara

„Ihr Krämer-Bäbele, na so was“, heuchelte Stefan Überraschung. „Jetzt müssen Sie aber hinfahren.“

„Tu ich auch, Bub, tu ich. Hab' schon mit Herrn Hasemann gesprochen. Ich freu' mich wie ein Kind auf daheim. Da hab' ich nun geglaubt, man könnte überall in der Welt zu Hause sein, aber nix ist's damit. Wenn's ans Sterben geht, ist die ganze Welt zu groß. Aber woher das Bäbele nur meine Adresse hat?“ Heinrich sah Stefan durchdringend an, doch der lenkte schnell ab:

„Ist sie gut, die Linzertorte?“

„Herrlich. Magst ein Stück?“ Einträchtig saßen sie dann nebeneinander und aßen den krümeligen Kuchen.

An diesem Mittwochabend wäre Stefans Geheimnis fast doch verraten worden. Nur Hasemanns Geschicklichkeit war es zu danken, daß noch alles glatt verlief. Aber seit dieser Minute wußte Stefan, daß Hasemann über seinen Unterricht bei Heinrich völlig im Bilde war. Morgen sollten die sechs Jungen geprüft werden. Gerade als Stefan nach Hause gehen wollte, hatte Heinrich noch seine neue Sprungbarriere in die Bahn gebracht. Sie bestand aus einer künstlichen Hecke, einem Holzgestell, in das man Ginster gesteckt hatte. Eigentlich sah das Ganze aus, als hätte man ein Dutzend Reisigbesen nebeneinander genagelt. Hasemann war auch in die Bahn gekommen, um diese neue Errungenschaft zu begutachten. Er hatte das Ding sogleich richtig aufstellen lassen und sich ein Pferd geholt. Und zwar hatte er sich die neue Anja gesattelt.

Anja kaute unruhig auf dem Gebiß. Ihr Schweif schlug ununterbrochen. Beim kleinsten Geräusch legte sie die Ohren an. ‚Ich glaube, ich kann sie doch nicht für die Schule behalten, sie ist zu nervös', dachte Hasemann und redete immer wieder leise mit der schönen Stute. Er ritt sie langsam an das neue und für alle Hasemannschen Pferde ungewohnte Hindernis heran. Anja hob erregt den Kopf, man sah, dies Ding gefiel ihr nicht. Dann lenkte Hasemann sie an die gegenüberliegende Bande und galoppierte an. Anja schüttelte den Kopf und versuchte auszubrechen. Aber unter einem Reiter wie Hasemann gab es kein Ausbrechen. Er kannte Pferde so genau, daß er fast eher als sie selbst ahnte, was sie vorhatten. Er gab Anja die Sporen und trieb sie über das neue Hindernis. Aus Angst sprang sie viel zu hoch, als ginge es über eine Riesenmauer. Aber vielleicht hatte sie gefürchtet, die Reisigspitzen würden sie am Bauch kitzeln, vielleicht hatte sie mit Hecken dieser Art schon schlechte Erfahrungen gemacht.

„Mir gefällt's", lachte Hasemann Heinrich und Stefan zu, die den ganzen Vorgang gespannt beobachtet hatten. „Aber Anja scheint es offensichtlich nicht zu behagen; komm, Alte, probieren wir's ein zweites Mal."

Wieder versuchte Anja, sich zu widersetzen, aber wieder mußte sie hinüber. Hasemann blieb dann neben Heinrich stehen: „Das Ding ist nett, bin mal gespannt, wie die anderen Gäule sich dazu stellen. Goldfasan ist solche Hindernisse ja von seinen Turnieren her gewöhnt, aber unser Segelflieger nimmt's sicher übel. Der ist nicht für Neuerungen."

Die beiden Männer lachten, dann wandte sich Hasemann an Stefan:

„Na, Junge, hast du Mut? Wie wär's, wenn du mal

schnell den Segelflieger holtest?“ Stefan nickte sofort, er freute sich, Herrn Hasemann einen Gefallen tun zu können. Er ging in den Stall. Ein Pferd zu satteln, war für ihn längst kein Problem mehr, das ging, als hätte er sein Leben lang nichts anderes getan. Schnell schwang er sich auf Segelflieger und trieb ihn in die Bahn hinauf. Aber dort sprang er leise ab.

„Warum bleibst du nicht sitzen, meinst du, ich hätte etwas dagegen?“ rief Hasemann sofort. „Komm, reite ihn mal erst gemütlich an das neue Hindernis heran.“ Nun begann Stefans Herz allerdings gewaltig zu pochen. Es geschah zum erstenmal, daß Hasemann von seiner Reiterei bei Heinrich Notiz nahm. Noch nie hatte der alte Herr ihm dabei zugesehen. Wenigstens glaubte Stefan das, da er ja immer noch nichts von dem kleinen Guckloch in jener Tür wußte, hinter der sich Hasemanns Büro befand. Stefan hatte gedacht, er sollte den Segelflieger für Herrn Hasemann satteln. Daß er selbst mit ihm das neue Hindernis ausprobieren sollte, hatte er nicht geahnt. Und ausgerechnet nun sah Hasemann zu! Stefan biß die Zähne zusammen; jetzt galt es. Nun durfte er sich — und den guten Heinrich dazu — auf keinen Fall blamieren. Er ließ den Schimmel mit langem Zügel an die Reisigbesen herangehen. Segelflieger legte wenigstens nicht böse die Ohren an, während er sie beschnupperte. Als er merkte, daß man sie nicht fressen konnte, wandte er sich ab. Er schnaubte verächtlich und tänzelte drei Schritte zurück.

„Na, dann zeig, was du kannst“, rief Hasemann und stellte sich in die Mitte der Bahn. Heinrich nickte Stefan heimlich zu; wirst es bestimmt schaffen, sollte das heißen. Stefan lenkte Segelflieger an den

Platz, von dem aus auch Hasemann angaloppiert war. Er hatte inzwischen schon viele Hindernisse zu nehmen gelernt.

„Man muß jedes Pferd reiten können", hatte Heinrich gesagt, „später, wenn man sicher ist, spielt es gar keine Rolle mehr, auf wem du sitzt. Dein Tier gehorcht, sowie es spürt, daß du der Stärkere bist."

Das fiel Stefan gerade jetzt wieder ein. Auch ein Löwenbändiger durfte seinen Tieren gegenüber nie die Überlegenheit verlieren. Tiere hatten ein viel feineres Empfinden, als man gemeinhin annahm. Auch Stefan hatte das inzwischen am eigenen Leibe erfahren. Nicht immer waren diese Erfahrungen ohne Stürze abgegangen, aber niemals hatte er sich weh getan. Stefan riß sich zusammen. Segelflieger nahm sofort die vorgeschriebene Haltung ein, senkte die Nase und kaute am Gebiß. „Gut", murmelte Hasemann. „Los." Stefan galoppierte an. Nicht zu hastig, aber auch nicht zu langsam. Hasemann nickte wiederum. Dann, kurz vor dem neuen Hindernis, nahm Stefan den Segelflieger besonders fest zwischen die Schenkel und achtete darauf, daß er sich nicht etwa einfallen ließ, im letzten Augenblick zur Seite auszubrechen. Und dann hob er sich im Sattel, machte sich völlig gewichtslos und lehnte sich weit auf Segelfliegers Hals, dabei seine Hände rechts und links von der Mähne aufstützend. Und schon waren Roß und Reiter über das neue Hindernis hinüber.

„Bravo", rief Hasemann, „viel besser, als ich erwartete. Du hast bei einem guten Lehrer Unterricht gehabt!" Heinrich strahlte. Auch Stefan war glücklich. Er konnte das Leuchten seiner Augen nicht verbergen. „Ich hätte wetten mögen, er wäre dir noch ausgebrochen", gab Hasemann zu. „Unser alter Schimmel ist gar nicht für Neuerungen. Als wir vor einiger Zeit das neue Gatter aufstellten, brach er dreimal aus, bevor er es nahm." In diesem Augenblick wandte Hasemann sich um, denn er hatte vor der Tür ein Geräusch vernommen. Die anderen hatten es nicht gehört.

„Absitzen, rasch", raunte Hasemann Stefan, „ich glaube, da kommt deine Feindin Ille."

‚Meine Feindin?' dachte Stefan verwundert, ‚warum nur hat er meine Feindin gesagt?' Aber schnell nahm er Segelflieger am Zügel, als hätte er ihn nur abholen sollen. Sie hörten Herrn Hasemann vor der Bahntür sprechen. Illes helle spröde Stimme klang herüber:

„Meine Mutter ließ heute eine Tasche liegen, haben Sie sie gefunden?"

„Jawohl, sie liegt im Büro. Geh nur hinein und hol sie dir."

Und während Ille hinter der Bande entlang schritt, die höher war als sie selbst, verdrückte Stefan sich schnell aus der Bahn.

„Also bis morgen", rief Heinrich leise hinter ihm her. „Vergiß nicht, morgen ist die Prüfung der sechs!" Stefan nickte. Aber der Gedanke, daß Hasemann längst sein Geheimnis kannte, ließ ihn so bald nicht los. Ob Hasemann auch die ganze Wahrheit kannte? Ob er wußte, daß Stefan eigentlich nur hatte reiten lernen wollen, um Ille zu imponieren? Um seine Prahlerei, daß er reiten könne, in Wahrheit umzusetzen? Aber inzwischen war er mit Herz und Seele dabei. Inzwischen liebte er die Tiere, die er noch vor kurzem gefürchtet hatte.

Überraschung im Reitstall

Am Donnerstagmorgen sprach Heinrich längere Zeit mit seinem Chef Hasemann. Der Name Stefan fiel dabei auch. Und auch der Name Ille. Hasemann lachte, nickte und sagte zum Schluß: „Klar, Heinrich, machen wir."

Die Prüfung sollte um vier Uhr in der Reitbahn stattfinden. Um halb vier saßen schon zwei Dutzend Jungen und Mädel in den ersten Reihen auf der Tribüne und machten einen Heidenlärm.

„Wo nur der Stefan bleibt?" rief Ulli, „er hat mir doch fest versprochen dabeizusein!"

Stefan stand inzwischen unten im Stall und half Heinrich die Pferde vorzubereiten.

„Wenn ich nun in den Schwarzwald fahre", sagte der Alte zögernd, „könntest du dann trotzdem noch herkommen und ein wenig helfen?"

„Selbstverständlich, Heinrich."

„Na, dann is' gut."

Auch Ille trieb sich im Stall herum. Gar zu gern hätte sie Stefan gefragt, ob Heinrich nun reisen wolle, weil das Krämer-Bäbele geantwortet hatte, und ob Heinrich inzwischen wüßte, wer das Ganze eingefädelt hatte. Aber Ille war ja böse mit Stefan und sah ihn nicht an. Sie streichelte Goldfasan, kraulte Minkas Fohlen und tat, als sei Stefan pure Luft. Dieses Spiel betrieb sie nun schon einige Tage. Aber heute, da die sechs ausgewählt werden sollten, kochte ihr Ärger noch einmal gründlich hoch. Bei diesen Jungen hatte er dabei sein sollen — und wollte nicht. Sie hatte sich schon ausgemalt, daß sie später mit Stefan ausgeritten wäre, über die Stoppelfelder, durch den Stadtgarten, und ja, vielleicht hätte Stefan sie auch mal auf das Gut ihres Onkels begleiten dürfen, wo genug Pferde zur Verfügung standen. Aber nichts dergleichen würde nun geschehen. Dieser blöde Bengel stand im Stall herum und hatte nicht einmal soviel Ehrgefühl, das alberne Grinsen zu unterlassen.

Stefan pirschte sich, einen Pferdestriegel in der Hand, an Ille heran und murmelte: „Was ist dir eigentlich über die Leber gelaufen? Was hast du nur?"

„Pah", machte Ille und drehte ihm den Rücken zu.

„Ich finde, du könntest mir wenigstens den Grund sagen", maulte er. Wenn Ille ihm auch jetzt noch nicht antworten würde, gut, dann sollte sie es eben bleibenlassen. Er würde sie bestimmt nie mehr bitten, das wußte er. Vielleicht wußte es aber auch Ille. Sie geruhte, sich herumzudrehen und ihn anzusehen: „Machst du die Prüfung nachher mit oder nicht?" Das klang sehr herausfordernd.

„Nein", sagte Stefan sofort, denn das war ja die Wahrheit.

„Danke, das genügt — du Angsthase", zischte Ille und lief davon. Lief hinauf in die Bahn, wo die vielen Kinder saßen und durcheinanderschwatzten.

Da betrat ein Mädchen den Stall, das sehr lang und dünn war.

„Darf ich?" fragte es an der Tür und sah Stefan bittend an. „Ich möchte nur so gern einmal wieder Pferde streicheln, möchte sie riechen, ich habe solche Sehnsucht danach . . ."

Das Mädchen war älter als Stefan. Es trug uralte

Jeans und einen gestopften Pullover. Es blickte sich suchend im Stall um, klopfte zuerst Segelflieger auf den Hals, ließ sich furchtlos von Baldur beschnuppern und deutete dann plötzlich auf Goldfasan: „Oh, der ist aber schön!“ Sie eilte auf Goldfasans Box zu und streichelte das edle Pferd.

„Sie verstehen wohl etwas von Pferden“, fragte Stefan, „das ist nämlich der berühmte Goldfasan, ein schöneres Tier gibt es so bald nicht.“

„Oh, der immer auf Turnieren die Preise holt? Gehört er nicht einer Dame? Ich lese immer alles in den Zeitungen, was über Pferde darin steht.“

„Reiten Sie auch?“

„Als Kind ritt ich, aber mit sieben Jahren mußten wir von zu Hause fort, seitdem hab' ich nicht mehr auf einem Pferd gesessen. Aber sag doch nicht Sie zu mir, ich bin erst fünfzehn — ich bin nur so greulich lang.“ Sie lachten beide. Die ist nett, dachte Stefan, und auch Heinrich nickte wohlwollend.

Ille war inzwischen auf die Tribüne gegangen und sah erbost über die lärmenden jungen Gäste hin: „Macht hier gefälligst nicht solchen Krach, ihr seid nicht auf dem Rummelplatz!“ Ille wußte, daß Hasemann es nicht ausstehen konnte, wenn es laut in der Bahn zuging. Manche Pferde waren nervös und konnten Lärm nicht vertragen. Auf den Tribünen hatte man Ruhe zu bewahren, das war auch auf Turnieren so üblich.

„Wer ist sie denn?“ fragten einige der Kinder und guckten Ille frech ins Gesicht. Aber der Umstand, daß sie Reithosen trug, ließ sie verstummen. Dieses Mädchen gehörte wohl hierher und war berechtigt, hier etwas zu bestimmen.

Ille entdeckte ihre Freundin und deren Bruder Werner unter den Gästen. Sie setzte sich zu ihnen.

Ulli, der neben Werner saß, beugte sich vor:

„Du bist die berühmte Ille von Berg, nicht?"

Ille nicht genädig.

„Ich habe mich gemeldet, hoffentlich nehmen sie mich an. Weißt du, was man bei der Auswahlprüfung alles verlangt?"

„Die ist kinderleicht", sagte Ille kühl. Dieser blonde Ulli würde nun an Stefans Stelle reiten, das verzieh sie ihm nicht. War er nicht obendrein noch Stefans Feind?

„Na, was zum Beispiel?" bohrte Ulli, der es nicht gewöhnt war, daß man ihn abschüttelte.

„Ach, irgend etwas. Wartet's doch ab. Vielleicht müßt ihr ein bißchen galoppieren und dabei die Hände in die Hüften stemmen."

„Wie?"

„Was?" Mehrere Kinder riefen es erstaunt durcheinander. Das klang ihnen wohl sehr gefährlich. Erstens Galopp und zweites Hände in die Hüften? Unmöglich. Ulli starrte Ille an und grinste dann: „Willst uns wohl veräppeln, wie? Das glaubst du ja selbst nicht, wir sind doch nicht im Zirkus."

„Warum fragst du dann, wenn du alles besser weißt?" rief Ille patzig. „Aber vielleicht braucht ihr ja auch bloß auf dem Zirkel zu traben, ich bin ja schließlich kein Hellseher."

„Auf einem Zirkel, haha, was soll das heißen?"

Ille runzelte die Brauen und sah Ulli verächtlich an. „Meine Güte, bist du dämlich! Auf dem Zirkel heißt: im Kreis herum, du scheinst wirklich keine blasse Ahnung zu haben."

„Vom Reiten noch nicht", erwiderte Ulli.

„Aber vom Raufen, wie?" Ille wußte selbst nicht, weshalb sie auf diesen Ulli so wütend war. Aber er hatte ein Jahr lang Stefan gehänselt, da konnte er ja wohl selbst auch einiges vertragen. Auch meinte sie, Ulli sei schuld daran, daß ihre Freundschaft mit Stefan nun einen Knacks bekommen hatte. Einer mußte ja schuld sein.

Nachdem sie noch einige boshafte Bemerkungen hatte fallen lassen, verließ sie wütend die Reithalle, ging auf den Hof hinaus und blieb dort auf der Deichsel von Heinrichs Futterwagen sitzen. Hier mußten sie ja an ihr vorbeikommen, alle, die vom Stall in die Bahn wollten.

Als erste kam ein langes Mädchen in Jeans und sagte liebenswürdig: „Guten Tag."

„Tag", sagte Ille.

„Geht es hier hinein zur Reithalle?"

„Ja." Die Lange blickte flüchtig über Illes Reithosen und lächelte. Inzwischen hatte Heinrich im Stall zu Stefan gesagt: „Zieh dein Reitzeug an, Junge."

„Warum denn? Ich reite doch heute nicht."

„Es sieht aber besser aus, zumal du mir helfen kannst, die Pferde hinaufzubringen, Gurte zu verstellen, Steigbügel zu halten usw. Vielleicht finden wir nach der Prüfung auch noch ein halbes Stündchen Zeit zum Reiten."

Na schön. Stefan begab sich nach oben in das kleine Kämmerchen neben Heinrichs Stube, in dem er sich immer umzog. Er zog die Reithosen an, die Heinrich ihm beschafft hatte. Sie waren nicht sehr neu, diese Reithosen, sie waren auch etwas zu groß und rochen gewaltig nach Stall.

Soeben fuhr ein Auto in den Hof, dem Herr von Berg nebst zwei anderen Herren entstiegen. Sie begrüßten Herrn Hasemann und begaben sich dann mit ihm gemeinsam in die Bahn. Die Gäste nahmen ebenfalls auf der Tribüne Platz. Nun herrschte Ruhe dort.

Heinrich führte Baldur und Segelflieger am Zügel, als Stefan kam. Die Pferde gingen ausgebunden, das heißt, sie hatten Ausbindezügel, die am Gurt angeschnallt waren und in dem Trensenring befestigt waren, damit sie die Nasen gesenkt hielten.

„Da, nimm du den Baldur", sagte Heinrich. Stefan tat es nicht ungern. Als er den Hof überquerte und Ille auf ihrer Deichsel sitzen sah, wurde er rot. Aber er tat, als sei die Deichsel leer und stierte in die Luft. Herr Hasemann hatte inzwischen auf die Tribüne hinübergerufen, die sechs, die reiten lernen wollten, möchten in die Bahn kommen. Sie erschienen. Sechs große Jungen. Fünf waren verlegen, nur Ulli schritt sofort auf Baldur zu und streichelte ihn.

„Ist der fromm, Stefan?"

„Wie'n Engel."

„Na, dann fang du mal gleich an", rief Herr Hasemann. „Stefan, hilf ihm aufs Pferd."

Dabei konnten alle sehen, daß Ulli Sporen trug. Richtige, blanke, funkelnagelneue Sporen. Und mordslange obendrein, solche trug man nur im Theater, auf der Bühne, aber niemals in der Bahn. Hasemann wies auf die silbrigen Rädchen an Ullis Absätzen und fragte: „Was ist denn das?"

„Sporen", antwortete Ulli und merkte zu spät, daß diese Frage keine Antwort verlangt hatte.

„Sporen? Oh, was du nicht sagst! Was willst du denn damit?"

„Reiten“, stotterte Ulli.

„Donnerwetter! Ich dachte, du wolltest deinem Pferd damit den Bauch aufschlitzen.“

„Ja, aber . . .“

„Ab damit!“ knurrte Hasemann kurz. „Deine Sporen mußt du dir erst verdienen, mein Sohn. Und bei dieser Gelegenheit merkt euch alle bitte gleich ein für allemal: Ein Reiter geht niemals mit klirrenden Sporen über die Straße! Verstanden? Die trägt er in der Tasche, oder vielleicht auch in der Hand, aber nicht am Absatz, bevor er auf sein Pferd steigt. Sonntagsreiter tun das vielleicht, aber mit denen wollen wir hier nichts zu tun haben. Reiten ist ein Sport, der besondere Zucht und Haltung verlangt. Ein Pferd ist kein totes Ding wie ein Fahrrad oder ein Fußball — das werdet ihr hoffentlich bald genug merken."

Stefan verbiß sich ein Lächeln. Denn Ulli war plötzlich erblaßt und sehr viel kleiner geworden. Er schnallte seine Riesensporen ab und gab sie Stefan. Stefan zeigte ihm, wie er die Zügel halten müsse.

„Als ob der es wüßte", giftete Ille.

Heinrich versetzte Baldur einen Klaps, der trabte an. Ulli kippte sofort nach vorn und hielt sich an der Mähne fest. Ille grinste. Sie saß nun wieder auf der Tribüne neben ihrem Vater. Hasemann trug seine lange Peitsche in der Hand und erklärte Ulli, welchen Kreis um die Bahn herum er reiten solle.

„Im Arbeitstempo terrab", befahl Hasemann und hob leicht die Peitsche an. Baldur trabte sofort gehorsam an und schüttelte den Ulli ordentlich durch. Aber nach anfänglichem Rutschen hatte Ulli wohl erfaßt, wie er am besten oben blieb und hielt sich. Die üblichen Ermahnungen, die auch Stefan in den ersten Stunden immer wieder hatte hören müssen, erfolgten. „Fußspitzen hoch, Schenkel ran, Hüften vor, Fäuste senkrecht." Dann verlangte Hasemann noch einen leichten Galopp. Ulli verlor dabei die Steigbügel und saß ziemlich unansehnlich auf seinem Gaul, aber immerhin hielt er sich tapfer bis zum Schluß.

„Absitzen, in Ordnung, der Nächste", sagte Hasemann. Aber er hatte es noch nicht ganz ausgesprochen, da saß Ulli im Sägemehl. Auch das Abspringen von einem Pferd muß geübt werden. Ulli hatte sich wohl verschätzt. Er guckte verblüfft und reichlich dumm. Die Kinder auf der Tribüne lachten laut.

„Ruhe", donnerte Hasemann.

Der nächste Junge machte seine Sache wesentlich schlechter, aber auch er bestand. Der dritte schien offensichtlich nicht zum erstenmal auf einem Pferd zu sitzen. Er verlor gleich am Anfang die Bügel, machte sich aber nichts daraus und ritt ohne Bügel weiter. Auch die Bauernjungen in Stefans Schwarzwalddorf waren immer ohne Bügel geritten. Inzwischen hatte Stefan es auch zuweilen tun müssen. Es gehörte zur reiterlichen Ausbildung und verstärkte das Gefühl, mit dem Pferd verwachsen zu sein.

„Der war bis jetzt der Beste“, sagte Hasemann und nickte dem Jungen zu. Aber der vierte war eine Katastrophe. Er war mit seiner Mutter gekommen. Er fiel schon gleich zu Beginn des Trabs in die Späne. Seine Mutter schrie auf. Als er wieder aufsitzen sollte, rief seine Mutter: „Geben Sie ihm doch bitte ein sanfteres Pferd!“

„Dies ist kein Pferd, dies ist ein Lamm“, sagte Hasemann todernst.

„Komm mein armer Junge“, rief die besorgte Mutter und verließ mit ihm die Bahn, als sei sie beleidigt worden.

Der nächste Anwärter schnitt wieder ganz ordentlich ab. Der sechste meinte, er wisse noch nicht genau, ob er mitmachen dürfe, sein Vater habe es noch nicht erlaubt.

„Warum nicht?“ fragte Hasemann.

„Vater findet, Pferde seien etwas Altmodisches, die stürben sowieso bald aus. Alles, was sie leisten, machen Maschinen heute viel besser.“

Hasemann wechselte einen kurzen Blick mit Illes Vater.

„Na bitte“, sagte Herr von Berg zu den Herren an

seiner Seite, „gerade das, was wir verhüten möchten! Ein Reitturnier bietet keine Sensationen wie ein Motorradrennen, ein stürzender Reiter kann sich, wenn er sehr viel Pech hat, vielleicht ein Bein brechen oder einen Arm, ein Rennfahrer aber vielleicht das Genick, das ist natürlich sehr viel aufregender. Oh, wir leben in einer traurigen Zeit . . ."

„Ja, mein Junge, dann lerne du lieber Motorradfahren", sagte Hasemann und legte den Arm um den braven alten Baldur, als wolle er ihn für soviel Herzlosigkeit um Verzeihung bitten.

Da erhob sich auf der Tribüne ein Mädchen. Es war lang und mager und trug einen geflickten Pullover.

„Verzeihen Sie bitte, Herr Hasemann, aber wenn zwei der Jungen ausscheiden, könnte . . . dürfte da nicht vielleicht ich mitmachen?"

„Komm mal in die Bahn", rief Hasemann und tauschte einen kurzen Blick mit Ille. Wie hatte die gesagt? Warum haben Sie denn nur Jungen und kein einziges Mädchen aufgefordert . . .?

„Warum möchtest du gern reiten?" fragte Hasemann die Lange, als sie nun neben ihm stand.

„Weil ich Pferde liebe, weil ich mir seit Jahren wünsche, reiten zu dürfen — aber wir hatten kein Geld dafür." Das Mädchen errötete ein wenig, aber es machte einen offenen und frischen Eindruck.

„Hast du denn schon mit Pferden zu tun gehabt?"

„O ja, zu Hause, auf unserm Gut, wir hatten selbst Pferde."

„So, so." Hasemann nickte. „Wieviel Pferde hattet ihr denn?"

Das Mädchen zögerte einen Augenblick und sah ihn an.

„Na, vier, fünf oder gar ein Dutzend?“ Der alte Herr sah doch wirklich nicht aus, als wolle er beißen.

„Sechzig, manchmal mit den Fohlen noch sehr viel mehr, wir hatten ein Gestüt“, sagte nun das Mädchen leise. Da wurden alle aufmerksam, und Ille stieß ein leises „Huh“ aus. Hasemann kam noch näher heran: „Alle Wetter, bist du etwa eine . . .?“ Und er nannte einen langen Namen, den keiner der anderen richtig verstand. Das schlanke Mädchen nickte und wurde rot. Da streckte ihr Hasemann die Hand entgegen und sagte herzlich: „Das freut mich aber nun ganz besonders, daß ich dich unterrichten kann. Ich habe deinen Vater gekannt, auf manchen Turnieren trafen wir uns, wie geht es ihm denn heute?“

„Er ist tot, schon lange. Auch Mutter . . .“

Hasemann fragte nun nichts mehr, aber das gütige Lächeln blieb auf seinem Gesicht, während die Fünfzehnjährige auf Segelflieger um die Bahn ritt. Jeder, der etwas vom Reiten verstand, konnte sehen, daß dieses Mädchen von Minute zu Minute sicherer wurde.

„Fein, daß nun doch ein Mädchen dabei ist“, sagte Ille leise zu ihrem Vater. Hasemann hatte es gehört und lachte: „Nun bekommst du endlich eine ebenbürtige Konkurrenz, Ille. In einem Jahr könnt ihr zwei euch auf Turnieren messen.“

„Prima“, sagte Ille. Sie war viel zu sportlich, um nicht anzuerkennen, daß dieses langbeinige Mädchen eine angeborene gute Haltung zu Pferde besaß.

„Schluß“, rief Hasemann dann. „Vier Wochen Probezeit für alle. Wer nach den vier Wochen keine Lust mehr hat, kann aufhören.“ Dann ließ er die Tribüne von den vielen fremden Kindern räumen und erlaubte nur den neuen Schülern, noch dazubleiben. Auch Illes Vater und die zwei anderen Herren blieben noch sitzen.

„Was kommt denn noch?" fragte Ille und spürte eine sonderbare Unruhe in sich hochkrabbeln. Als das Getrampel der vielen Füße verstummt war, wandte sich Hasemann an die Neuen. Vorher aber hatte er Heinrich einen Wink gegeben, der schleifte nun die neue Sprungbarriere — den zwölffachen Reisigbesen — herein.

„Jetzt möchte ich euch gern mit meiner besten Schülerin bekannt machen, dort sitzt sie: Ille von Berg. Sicher habt ihr schon von ihr gehört. Ille, würdest du unseren Gästen die Freude machen und ihnen zeigen, was Reiten ist? Ich möchte gern, daß sie sehen, was man mit zwölf Jahren schon auf dem Pferderücken leisten kann."

„Ich bin fast dreizehn", sagte da die Ille mit Würde und beguckte interessiert die neue Sprunghecke. Segelflieger schnaubte schon wieder verächtlich. Hasemann ließ Baldur in den Stall bringen und übergab Ille Selgefliegers Zügel. Stefan fand, daß seine Anwesenheit in der Bahn nun wohl überflüssig sei und wollte unauffällig verschwinden. Aber Hasemann rief: „Nix da, Stefan, du bleibst noch da — du kommst auch noch dran!"

Ille hob die Nase. Sie dachte an den Jungen in der schicken Hose, der durchgefallen war. Oh, nun würden sie Stefan an dessen Stelle setzen! Nun half ihm kein Heucheln mehr — nun mußte auch er heran! Und sie gönnte es ihm, wenn er sich bei der Prüfung kräftig blamieren würde. Sie wandte sich an Herrn Hasemann: „Soll Stefan jetzt doch noch geprüft werden?“ Ihre helle Stimme konnte eigentlich niemand überhören. Aber Hasemann stellte sich taub und verzog keine Miene. Vorerst wurde das neue Sprunggerät noch beiseitegestellt. Er kommandierte, und Ille ritt Dresur.

„Wechseln durch die ganze Bahn. Im Schritt. Im Trab. Im Galopp. Volten im Trab, Volten im Galopp. Einfacher Galoppwechsel!“ Das war schon eine schwierige Übung, Stefan hatte sie einmal versucht, es war ihm aber nicht gelungen. Ille sah einmal flüchtig in einen der großen Spiegel und kontrollierte ihre Haltung. Die Neulinge ließen kein Auge von ihr.

„Sie ist wirklich ein reizender Anblick“, sagte einer der Herren zu Illes Vater. „Eine richtige kleine Amazone, dazu die flatternden rotgoldenen Locken — malen müßte man sie so.“

„Die Spiegel in der Reitbahn sind die einzigen, die ich allen Mädchen empfehle“, lachte Hasemann. „So, Heinrich, nun stell mal die neue Hecke auf, wollen zeigen, was Springen heißt.“

„Du bist großartig“, sagte die Neue in den Jeans, als Ille gerade vor der Tribüne hielt. Ihre Begeisterung war nicht gekünstelt.

Segelflieger war heute etwas nervös. Stefan sah es, gestern abend hatte er die Hecke gelassener zur Kenntnis genommen.

Stefan und Heinrich stellten sich hinter Hasemann. Ille merkte sofort, daß der Schimmel das neue Hindernis nicht schätzte. Sie versuchte, ihn ruhig herantreten zu lassen, aber das Tier wollte heute nicht.

„Angaloppieren“, rief Hasemann und klopfte sich

mit der Peitsche gegen den Stiefelschaft. Das tat er immer, wenn er selbst nicht ganz sicher war, wie eine Sache klappen würde. Und diese klappte nicht! Ille hatte vielleicht ihre schlechte Laune aufs Pferd übertragen, denn das gab es, Segelflieger brach jedenfalls aus und verweigerte den Sprung. Da die Barriere nur zwei Meter breit war, gab es Platz genug in der Bahn, um sich an ihr vorbeizudrücken.

„Ran ran", nuschelte Hasemann und erläuterte den Herren, daß diese Ginsterhecke den Pferden noch unbekannt sei.

‚Na warte, Bursche', dachte Ille und versetzte dem Schimmel eins mit der Peitsche. Hasemann grinste. Ille ritt wieder an ihren Ausgangspunkt zurück und setzte zum zweiten Mal zum Galopp an. Segelflieger tänzelte und knickte einige Male auf der Hinterhand ein. Er rollte dabei böse die Augen. Da Ille im Linksgalopp ritt, rief Hasemann: „Linken Schenkel ran, Ille, Parade rechts, na na na . . . aber nein!" Wieder war Segelflieger ausgebrochen. Ille biß sich blaß vor Wut auf die Lippen. Sie ist zu klein für den hohen Segelflieger, dachte Stefan, ihre Beine sind noch zu kurz. Ille sah flüchtig zu ihm hin, vielleicht hatte sie erwartet, er würde grinsen, aber in Stefans Augen stand nur sein ganzes Mitgefühl. Er hatte inzwischen oft genug am eigenen Leibe erfahren müssen, wieviel Konzentration dazu gehört, das Pferd dahin zu bringen, wohin man es haben will. Ille nahm den Schimmel nun sehr kurz am Zügel. Stefan wußte, daß dies für einen Galopp nicht richtig war. Schon rief Hasemann: „Ille, das Vorwärtsdrängen eines Pferdes ist ein Göttergeschenk, man soll es niemals unnötig unterbinden. Gib ihm etwas mehr Luft. So.

Ja. Und ihr anderen, ihr könnt euch gleich etwas sehr Wichtiges merken. Ein Pferd ist wie ein Uhrwerk. Der Körper ist das Werk, der Hals der Zeiger. An der Haltung des Pferdehalses erkennt man, ob das Tier richtig geht oder nicht. Wenn das Uhrwerk nicht stimmt, kann auch der Zeiger nicht genau anzeigen. So, Ille, und nun versuche es noch einmal."

Diesmal gelang der Sprung, aber man merkte Ille an, daß sie bis zum Äußersten angespannt war. Segelflieger setzte über das verhaßte Hindernis hinweg. Es war kein schöner und keineswegs ein eleganter Sprung, sämtliche Ginsterbesen wackelten, weil Segelflieger sie mit dem Bauch gestreift hatte.

„Na ja", sagte Hasemann, „das sah leichter aus, als es war. Pferde versuchen immer lieber auszuweichen, wenn es ihnen möglich ist. Ich will ja nicht von euch Neuen erwarten, daß ihr in einem Jahr soviel könnt wie diese junge Dame hier. Zum Schluß möchte ich euch noch einen jungen Reiter zeigen, der erst mit Reiten angefangen hat; aber wenn ihr nach sechs Wochen soviel könnt wie er, dann müßte ich euch allesamt zu Wunderkindern erklären. Komm, Stefan, sitz auf."

Stefan dachte, nun müßte der Himmel einstürzen. Die ganze Halle begann sich um ihn zu drehen. Es lief ihm kalt über den Rücken. Seine Zunge fühlte sich völlig trocken an. Er schnappte einmal nach Luft und starrte, immer noch sprachlos, auf Hasemann. Dann vernahm er einen kleinen unterdrückten Ausruf und wußte, daß Ille ihn hervorgestoßen hatte. Er sah kurz zu ihr hin und begegnete ihren weit aufgerissenen Augen. Aber diese Augen waren gar nicht mehr kalt und feindlich, wie in den letzten

Tagen, nein, sie strahlten ihn geradezu an wie zwei kleine Sonnen. Und diese Tatsache brachte Stefan endlich in die Wirklichkeit zurück

Heinrich war schnell neben Stefan getreten und raunte ihm zu: „Mach's gut, Bub, hast ja gehört, wie Hasemann dich gelobt hat."

Ja, Stefan wollte es gut machen. Schon aus Dankbarkeit dem alten Heinrich gegenüber, und auch aus Dankbarkeit zu Hasemann, der diese heimlichen Stunden schweigend gestattet hatte.

Ille hatte die Bahn wieder verlassen und sich zu den anderen auf die Tribüne gesetzt. Ihre Gedanken tanzten im Kreis . . . Oh, er hat es gelernt . . . er ist gar kein Feigling . . . ich habe ihm Unrecht getan. Und sie merkte gar nicht, daß sie heimlich in ihrer Hosentasche für Stefan die Daumen kniff.

Und Stefan machte seine Sache wirklich gut. Da er seit Wochen hauptsächlich Segelflieger und Baldur gestriegelt und gefüttert hatte, kannten die Pferde ihn genau. Segelflieger schien seine Mucken von vorhin vergessen zu haben, er trabte und galoppierte vorschriftsmäßig. Hasemann nickte immer wieder anerkennend mit dem Kopf.

„Wechseln aus dem Zirkel, Scherrritt, im Arbeitstempo Gaaalopp, haaalt! Sechs Wochen reitet der Bursche erst, Kinder, vergeßt das nicht. Aber ich will euch auch sein Geheimnis verraten: Er reitet nicht nur, sondern er pflegt die Pferde auch. Er spricht schon ihre Sprache und versteht ihre Wünsche. Er wird niemals nur ein Pferd schweißnaß reiten und es dann nicht trocken reiben. So, Stefan, und nun versuch mal, ob du auch über die Hecke kommst."

„Das schafft er nie“, flüsterte Ille leise Werner und Ulli zu. Aber der blonde Ulli sah sie erstaunt an: „Warum denn nicht? Der Stefan ist ein Pfundskerl, meinst du, der hätte uns mit einem einzigen Wort verraten, daß er so prima reiten kann? Paßt auf, jetzt kommt die Hecke. Ich wette, er nimmt sie!“ Und wirklich, das Wunder geschah — Stefan wenigstens kam es wie ein Wunder vor —, Segelflieger sprang, ohne den Versuch auszubrechen, vorschriftsmäßig über die ungeliebte Hecke. Es hatte gut ausgesehen, und Hasemann rief laut „Bravo.“ Stefan beugte sich, rot vor Freude, zu dem Schimmel nieder und klopfte ihm lobend den Hals. Und Segelflieger schlug mit dem Schweif und schien ebensoviel Freude zu empfinden wie sein junger Reiter.

„Du hast ihn vorhin nicht gelobt, Ille — vielleicht hatte er deshalb schlechte Laune“, rief Herr von Berg. Ille wandte sich um: „Wer? Stefan?“

Da lachten sie alle, die Bescheid wußten, selbst Heinrich zeigte seine braunen Zahnstummel.

„Segelflieger natürlich! Jeder Mensch braucht Anerkennung, wenn er seine Leistungen steigern soll, und auch jedes Tier, das dem Menschen dient!“

Hasemann nickte zu den Neuen hin: „Ja, loben ist wichtig, ein Motorrad hat das nicht nötig, aber ein Pferd!“

Ille hielt es nicht mehr auf ihrem Platz. Sie war hinter ihren Vater getreten: „Papi, hat er das nicht wundervoll gemacht? Und ich hatte immer gedacht, er wolle nur prahlen . . .“

„Die hat immer noch nicht spitzgekriegt, daß Stefan erst in den letzten Wochen das Reiten lernte“, raunte Heinrich seinem Chef zu. Wahrscheinlich würde Stefan ihr nun die Wahrheit gestehen, aber das machte nichts, die Überraschung jedenfalls war gelungen.

Die Prüfung war beendet. Stefan ritt schnell in den Stall zurück, er hätte auch wirklich nicht gewußt, was er nun Ille und den anderen hätte sagen sollen. Er zäumte den Schimmel ab und reinigte gerade seine Hufe, als Ille leise neben ihn trat. Sie ergriff den Eimer, der leer vor Segelfliegers Box stand, und füllte ihn mit Wasser. Dann nahm sie ein Tuch und wischte dem Pferd ein paar Speichelspritzer vom Hals. Als es nichts mehr für sie zu tun gab und Stefan immer noch schwieg, hielt sie ihm die Hand hin: „Vergiß es, Stefan, ich war ein Ekel — aber du weißt ja, warum. Ich dachte, du hättest Angst gehabt und dich drücken wollen . . . und nun . . . und jetzt . . .“ Die sonst allzeit so wortgewandte Ille kam nicht weiter und schluckte nur. Stefan nahm ihre Hand und preßte sie kräftig. Er wußte ja ganz genau, was sie ihm zu verstehen geben wollte, aber auch er fand nicht die rechten Worte. Dir verdanke ich ja all dies Schöne, das ich nun täglich erleben darf, hätte er gern gesagt — aber wer bringt das schon heraus . . . mit dreizehn Jahren! In diesem Augenblick wandte Segelflieger sich nach ihnen um und wieherte leise. Es klang wie ein Lachen, in das Ille und Stefan nun fröhlich mit einstimmten . . .